非正規公務員の現在
深化する格差

上林陽治

日本評論社

はじめに

前著『非正規公務員』の発刊が、二〇一二年九月。

「公務員」という安定したイメージと、「非正規」という不安定なイメージを結合させた矛盾に満ちた語感のタイトルの刺激性のためか、「非正規公務員問題はマイナーでニッチ」という当初の筆者の予想を覆し、この本は多くの方に手にとってもらえるものへと育てていただいた。

また「非正規公務員」という命名は、制度と実態が乖離した状況——非正規公務員は自治体に働く職員の相当程度を占め、基幹職員化している——を表現するものとして受け取られたようだ。そして「本書で紹介される非正規公務員の就労実態は衝撃的だ」とも書評され、年末恒例の各紙の書評士による今年の三冊にも、選定された。

それから三年を経過した。この三年間で、非正規公務員をめぐり、どのような状況変化があっただろうか。

第一に、非正規公務員数は増加し、地方自治体で働く一般行政職の公務員の「三人に一人」が非正規公務員となった。

二〇一二年四月一日を基準日として実施された総務省の「臨時・非常勤職員に関する調査結果」では、

二〇〇八年の前回調査より約一〇万人増え、六〇万人以上の非正規公務員が地方自治体に勤務していると報告した。

さらに二〇一二年六月一日を基準日として実施された労働組合である自治労（全日本自治団体労働組合）の「自治体臨時・非常勤等職員の賃金・労働条件制度調査」では、総務省調査と同様に、二〇〇八年の前回調査より約一〇万人増え、推定七〇万人もの非正規公務員が在職し、臨時・非常勤等職員の全職員に対する比率は三三・一％となり、二〇〇八年調査の二七・四％から拡大し、やはり、三人に一人は非正規公務員であることを明らかにした。

第二に、地方紙を中心として非正規公務員という問題の可視化が進展し、それに伴い、「ブラック自治体」の実像が明らかになった。

二〇一四年元旦の西日本新聞の一面には、「非正規公務員四人に一人　九州の市町村六割超す町も」という見出しの四段抜きの記事が掲載され、三面では九州地区で非正規公務員の比率が高い上位の五市ならびに五町村の自治体名を掲載した。非正規公務員の割合が九州の市町村で最も高い長崎県佐々町（全職員の六二・四％が非正規公務員）の二ヵ所の町立保育園では、五〇人弱の保育士のうち正規職員は一割ほどで、町立幼稚園の園長も非常勤であると報じた。一月三日付けの同紙は、社会面で「もがく非正規教員　〇五年比四割増」という見出しで、増大する非正規教員（臨時教員や非常勤講師）の問題を取り上げ、全国の公立小中学校の教員約七〇万人のうち非正規教員は約一一・五万人で非正規率は一六・四％に上っているという実態を報じた。またクラス担任を受け持つこととなる定数内教員のうち臨時教員が占める割合は、沖縄が最も高く一五・八％（公立小中学校の六クラスのうち一クラスは臨時教員が担任）で、一〇％超えが福岡、大分、宮崎の三県を含む一四府県に及ぶとし、非正規教員依存が常態化している問題を指摘した。

二〇一四年五月二三日付けの東京新聞は「職安なのに「職不安定」？」という見出しのもと、ハローワークに六年もの間、就労支援員として勤務してきた非正規公務員の雇止め問題について、特報記事として報じた。この記事の特徴は、雇止めにあった非正規公務員と上司とのやり取りを紙上で再現することで、非正規公務員が民間の非正規労働者と異なり法的には無権利状態に置かれていることを平易に解説していることにある。「雇い止めを告げられ、「異議申立て先を教えてほしい」と尋ねたが、上司の返答は「ありません」。」という紹介に続き、ハローワークの所管官庁である厚生労働省が策定した労使対等原則をうたう労働契約法の適用がなく、解雇処分ではなく雇止めなので不服審査の不服申立てもできず、非正規といえども公務員なので個別労使紛争解決促進法の枠組みを使えないと続け、その無権利状況を明らかにしたものである。

これらの報道の背景には、当事者である非正規公務員の「告発」があり、そのいくつかは司法の場での判断を仰ぐことにもなった。そして、自治体の側に一千万円以上に及ぶ退職手当の支払いを命じ（中津市常勤的非常勤職員退職金請求事件、二〇一三年一二月一二日・福岡高裁）、非正規公務員の任期の更新回数の制限は重要な労働条件の変更であり、この問題に関する団体交渉に応じないのは不当労働行為に該当するとの判断が示され（東京都専務的非常勤職員事件、二〇一三年四月二四日・東京高裁。二〇一四年二月七日・最高裁上告棄却・確定）、また、労働組合法適用の特別職非常勤職員と地方公務員法適用の公務員の両者を組合員とする混合組合の団体交渉権は、「労働組合法適用者については労働組合法上の労働組合として」「地方公務員法適用者については地方公務員法上の職員団体として」、複合的性格を持って法律に保護された団体交渉を行う権利を保障されるという判決も出ている（中労委（大阪府教委・大阪教育合同労組）事件、二〇一四年三月一八日・東京高裁。二〇一五年三月三一日・最高裁上告棄却・確定）。司法の場における判断の累積。これが第三の状況変化である。

そして、第四の状況変化は、国や自治体当局における、非正規公務員という問題の「発見」である。これまで、非正規公務員問題は壁の向こうに追いやられ、認識されない状態に置かれてきた。しかし、非正規公務員の数が全体の三分の一という規模にまで膨れ、非正規公務員からの「告発」と問題の可視化が進むと、どれだけ見ないようにしようとしても見ざるを得ない存在感を持ち、制度上に綻びや亀裂が生じていることも認識せざるを得ない。そして自治体当局は、その綻びを修繕しなければならない立場に追い込まれる。問題は修繕方法だ。

ある日、近畿地方の自治体の人事担当者から筆者あてに電話があった。

―先生の『非正規公務員』という本を読ませていただきました。臨時・非常勤職員に関する制度がわかりやすく解説されていて、とても参考になりました。

「ありがとうございます。過分にご評価いただき恐縮です。」

―うちの自治体にも多くの非正規公務員がいて、中には十数年も勤務している人もいるんです。やはり問題があると認識しているところです。

「そうですよね。」

いいですか。

――ところで、先生。非正規公務員に雇用継続の期待権を生じさせないためには、何年で雇止めすればいいですか。

長年にわたり勤務し続けた非正規公務員を雇止めし、法的に保護すべき対象となる雇用継続の期待権を反故にした場合、損害賠償の支払いを命じられるという裁判例が出ている。有期任用の非正規公務員を雇い続けることは、訴訟リスクを抱え込むことであると認識した関東地方のある自治体では、任用更新回数を制限し、あるいは勤務年数の上限を設定する仕組みを導入することだけでは安心できず、更新回数や継続勤務年数上限を超えることになる非正規公務員を機械的に雇止めし、再応募することも許さない。その結果、非正規公務員に任せきりにしてきた業務で、その経験知が遮断され、住民に提供される公共サービスの劣化が進んでいる。

地方自治体が重視しているのは、住民の暮らしの充実ではなく、自治体という組織体が抱えるリスクの管理であり、体裁を整え権威を維持することなのである。

非正規公務員という問題の「発見」を通して、自治体の今の有り様――一体何を守ろうとしているのか――が見えてくる。これも、もうひとつの「発見」であるが、見出されたものは、やはりブラック化する地方自治体の姿である。

前著『非正規公務員』で、筆者は、公務職場に勤務する非正規公務員が抱える問題群を、そこに四つの偽装があると整理して論じた。四つの偽装とは、偽装「非常勤」、偽装「非正規」、偽装「有期」、偽装「雇止め」である。

本書では、これらの問題群をさらに四つの格差に整理して論じている。

第一が、雇用格差である。正規公務員ならば強い身分保障のもと、法律または条例に明記した理由以外には免職されず、降格もされない。だが、このような身分保障規定は、たとえば臨時職員には適用されない。民間の労働契約関係であれば、長年にわたり契約期間を更新し続けた後の雇止めは解雇とみなされ、有期労働契約が更新されるものと期待することに合理的な理由がある場合には雇止めできない。これらは労働契約法一九条に有期労働者の権利保護として明定されている。だが非正規公務員に労働契約法は適用されない。公務世界では、「任用」制度により、当事者の合意よりも「任命権者の意思」が優先され、長期間、同じ自治体の同じ任命権者の下で正規公務員と同じ業務に就いていたとしても、突然、雇止めするということが平然と行われる。

第二が処遇格差である。同じ質量の仕事をしても、非正規雇用であるというだけで、その賃金は正規公務員の二分の一から三分の一程度である。正規・非正規間の処遇格差は、民間の非正規労働者よりも公務の非正規公務員の方が著しい。また、非正規公務員の四人のうち三人は女性である。したがってこの賃金格差は、勤務形態の差異を装った男女間の間接差別ともいえる。

第三が情報格差である。労働組合員として組織されず、労使交渉のテーブルからも排除されているため、非正規公務員が抱える問題が放置され、必要な情報も労使双方から与えられない。いわば労使コミュニケーション格差である。

東京のある市の図書館が指定管理者制度に移行するに際し、図書館に勤務する正規公務員にはこの情報が事前に伝えられ、異動希望調書も配布されていたが、同図書館に勤務していた非正規の図書館司書には何も知らされていなかった。実際に指定管理者制度に移行したときには、異動・配転により正規公務員は本庁に引き上げられたのに対し、ほとんどの非正規司書は雇止めされ、図書館を去り、新たな勤務先を自ら探すことになった。

情報格差は、伝えられる者と伝えられない者との間に壁をつくり、前者は後者の怨嗟の対象となる。そして第四に、権利救済格差である。非正規公務員は、労働法と公務員法の狭間の中で、どちらの法からもその権利を保護するシステムから排除され、どちらからも救済されない。

本書では、非正規公務員問題を歴史的文脈に位置づけて分析することを試みた。その結果、問題の背景に、数々の「神話」があることが判明した。ここで使う「神話」とは、多くの人が昔からあるものとして思い込み、思考停止状態になっていることをいう。

たとえば「任用」という「神話」である。

ある人物を一定の公務の職につける「任用」という行為の法的性格は、今日、労働契約ではなく行政行為ないし行政処分であると理解することが通説となっている。しかし、このような理解は、いまは学説上放棄されている公務員の特別権力関係論を基礎に、一九七〇年代中葉以降に、旧自治省の官僚が執筆した地方公務員法のコンメンタールを通じて広まったもので、法制定当初は、「私法上の雇傭関係に準ずる公法上の契約」という理解が一般的だった。公務員法上に、「任用」という言葉は出てくるが、これを定義づけた文言はない。また今日において、「任用」を行政行為ないしは行政処分と解釈するのも、勤務関係の消滅行為たる免職が処分である以上、成立行為たる任用も処分として構成していると解するのが素直であるとされてきたに過ぎない。つまり、「任用」を行政行為ないし行政処分としたのは解釈変更の産物であり、「神話」なのである。

さらに「特別職非常勤職員」という「神話」である。公務員法上、任用の形式は、臨時的任用か正式任用の二者択一である。労働者性を有する職員を「特別職」として採用することを公務員法は予定していない。国家公務員の臨時職員ならびに非常勤職員が、全員、一般職に位置づけられるのはこのためである。だが地方公務員の場合は、法解釈を逸脱して、一九七〇年代に「特別職非常勤職員」という類型を「粉飾」してしまった。臨時職員（地方公務員法二二条）、一般職非常勤職員（同法一七条）と並んで「特別職非常勤職員」（同法三条三項三号）を任用の根拠や任用の形式であると考えるのは、「神話」である。

このように非正規公務員問題は、数々の「神話」で覆い隠され、問題の本質を見えなくさせられている。歴史的に形成されてきた非正規公務員問題を取り巻く数々の「神話」を取り除き、濁りのない眼で見つめ直すことが、喫緊の課題となっている。

本書を構成する各章の記述は、既発表の論稿をベースにしたものが多い。ほとんどの場合、原形を留めないほどに書き直してしまっているが、本書の巻末に初出誌を挙げておいた。本書への転載を快くお許しいただいた関係者の皆様に、お礼申し上げる。

さて本書も、多くの方々のご支援があって何とか書き上げることができた。

地域住民からの困りごとに耳を傾け、その解決に奔走される全国の非正規公務員の皆さんとの意見交換は、何よりも、私のアイデアの源となった。お礼を申し上げたい。そして私も理事の末席に名を連ねる「NPO法人・官製ワーキングプア研究会」の白石孝理事長をはじめとする皆さん、非正規の司書が多数を占める図書館で問題提起をし続けている練馬区立図書館の小形亮さんをはじめとする図書館関係者の皆さん、そして相変わらず自宅に「巣篭もって」原稿書きをしている私に「黙視の合意」を与えてくれている、公益財団法人地方自治総合研究所の辻山幸宣所長をはじめ研究員、事務局の皆さんの心遣いに感謝申し上げたい。

最後に、私の遅筆に関しては前著で懲りていると思われるのに、本書の企画を快くお引き受けいただき、小言一つも言わずに原稿を辛抱強くお待ちいただいたばかりか、優しく適切なアドバイスを与えてくださった日本評論社第一編集部の岡博之氏に、心よりお礼申し上げたい。

二〇一五年八月一〇日　最愛の娘、葉子の嫁ぐ日を前に

上林　陽治

目次

第二部　歴史の中の非正規公務員

[凡　例]

最＝最高裁判所
一小＝第一小法廷
高＝高等裁判所
地＝地方裁判所
支＝支部

判＝判決
決＝決定

昭＝昭和
平＝平成

自治法＝地方自治法
地公法＝地方公務員法
退手条例＝退職手当条例
地公育休法＝地方公務員の育児休業等に関する法律

国公法＝国家公務員法
給与法＝一般職の職員の給与に関する法律
退手法＝国家公務員退職手当法

個別労働関係紛争解決促進法＝個別労働関係紛争の解決の促進に関する法律
DV法＝配偶者からの暴力の防止及び被害者の保護等に関する法律
パート労働法＝短時間労働者の雇用管理の改善等に関する法律
民間育児介護休業法＝育児休業、介護休業等育児又は家族介護を行う労働者の福祉に関する法律
労基法＝労働基準法
労契法＝労働契約法

第一部　非正規公務員の現在

第1章　急増する非正規公務員の実態

地方自治体の役割は「住民の福祉の増進を図ること」(地方自治法(以下「自治法」という)一条の二)にある。この役割を達成するため、地方自治体は公務員を雇い公共サービスを提供する。だがその担い手である地方公務員の三人に一人は、働き続けても、独立して生活を設計することができない賃金や報酬しか支払われず、常に雇止めの危機に晒されている有期雇用の非正規公務員である。

いまや「住民の福祉の増進」という地方自治体の役割は、「福祉の増進」から排除された者によって達成がめざされている。

公共サービスの受け手であり利用者である住民は、こうした事態が急速に進行していることに気づいていない。非正規公務員が、従前と変わらない量と質の公共サービスを提供しているからである。まして や非正規公務員がどのような仕事を担い、役割を果たし、責任を担っているかについて知る由もない。非正規公務員とは一体何者なのか、どのような境遇に置かれているのか。

一　非正規の地方公務員の種類

地方自治体では、常勤で任期の定めのない正規職員のほか、臨時職員、非常勤職員などが雇用されている。主要には以下の通りである（図表1―1）。

①　臨時職員

臨時職員は、地方公務員法（以下、「地公法」という）二二条二項または五項に基づき、正式採用の特例として、緊急の場合や臨時の職に関する場合に採用できる。任用期間は六月の期間で更新回数一回、最長一年と定められている。

育児休業を取得する職員の代替として採用される臨時職員は、地方公務員の育児休業等に関する法律六条一項二号に基づくもので、任用期間は一年以内であるが、六月ごとの更新は省略されるというものである。

後に詳述する、総務省が二〇一二年四月一日現在を基準日として実施した「臨時・非常勤職員に関する調査結果」（以下、「総務省調査」という）では、臨時職員数は、全国に二四万四九八三人が在職していると報告している。

図表１－１　地方自治体の臨時・非常勤職員数（職種別・任用根拠別）

（単位：人）

		合計		特別職非常勤職員（法３条３項３号）		一般職非常勤職員（法17条）		臨時的任用職員（法22条２項・５項）	
		計	女性職員の割合	計	女性職員の割合	計	女性職員の割合	計	女性職員の割合
職員数（平成24年４月１日現在）		603,582	74.2%	231,209	63.4%	127,390	80.7%	244,983	81.0%
主な職種	一般事務職員	149,562	80.2%	54,723	69.2%	32,650	84.6%	62,189	87.3%
	保育士等	103,428	96.3%	22,912	95.6%	26,052	96.5%	54,464	96.4%
	給食調理員	39,294	97.0%	9,248	96.6%	12,495	97.6%	17,551	96.8%
	教員・講師	78,937	64.8%	22,195	63.8%	8,817	75.2%	47,925	63.3%
	その他	118,593	63.1%	76,883	56.1%	20,449	71.0%	21,261	80.5%

出典）総務省「臨時・非常勤職員に関する調査結果について（全地方公共団体分）」（2012年４月１日現在）

②　非常勤職員

次に非常勤職員であるが、地公法三条三項三号に基づくものと地公法一七条に基づくものの二種類がある。

○特別職非常勤職員

まず地公法三条三項三号に基づき任用された非常勤職員は、特別職非常勤職員といわれる。地方自治体に採用されている非常勤職員の多くは、この地公法三条三項三号に基づく特別職非常勤職員であると考えられる。総務省調査二〇一二では、その数は二三万一二〇九人である。

ここでいう特別職とは、地公法三条三項に規定されている職を指す。その種類を例示すると、(a)就任について公選又は地方公共団体の議会の選挙、議決若しくは同意によることを必要とする職、(b)法令又は条例、地方公共団体の規則若しくは地方公共団体の機関の定める規程により設けられた委員及び委員会（審議会その他これに準ずるものを含む。）の構成員の職で臨時又は非常勤のもの、(c)都道府県労働委員会の委員の職で常勤のもの等で、これらに並んで同法三条三項三号に、「臨時又は非常勤の顧問、参与、調査員、嘱託員及びこれらの者に準ずる者の職」が規定され、この条文に基づき、特別職非常勤職員として採用されているといわれる。そしてこれら特別職の職にある者には地公法は適用されない（地公法四条二項）。すなわち特別職非常勤職員とは、「地公法が適用されない地方公務員」なのである。

○一般職非常勤職員

地公法一七条に基づき採用された非常勤職員は、一般職非常勤職員といわれ、特別職と異なり原則として地公法の各条文の規定が適用となる。

二〇一二年調査では、一二万七三九〇人としている。

二　非正規公務員の規模

推計七〇万人、三人に一人は非正規公務員　二〇一二年自治労調査

次に、その規模である。

全日本自治団体労働組合（自治労）は、二〇一二年六月一日を基準日として、自治労加盟自治体における臨時・非常勤職員の採用状況を調査（「自治体臨時・非常勤等職員の賃金・労働条件制度調査結果」）し、その結果を二〇一二年一〇月に公表した。

同調査は、全国の四七・二％にあたる八四五自治体（調査時点の全国自治体数は一七八九〈東京都の二三特別区含む〉）の状況を集約したもので、警察や消防、教員などを除き、当該自治体における臨

図表1－2　自治体区分別臨時・非常勤職員の比率

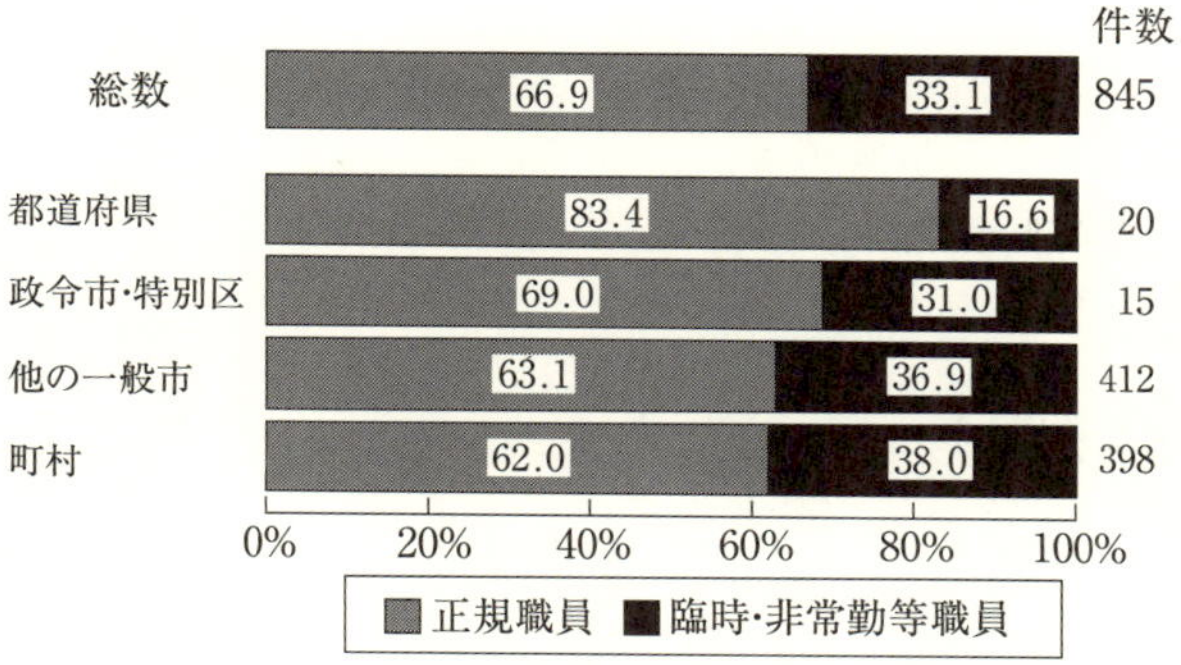

出典）自治労「2012年度自治体臨時・非常勤等職員の賃金・労働条件制度調査結果」

時・非常勤職員は三〇万五八九六人、正規職員は六一万九五四二人で、全体に対する非正規率（非正規公務員／（正規公務員＋非正規公務員））は三三・一％であるとした（図表1―2）。そして、未調査の自治体を含めて換算すると、全国の「非正規公務員」は約七〇万人であると推計したのである。自治労は同様の調査を二〇〇八年にも実施しており、その時点では推計六〇万人、非正規率は二七・六％であるとしていた。調査対象が異なるので単純な比較はできないが、この四年間で非正規公務員は一〇万人増加し、非正規率は「四人に一人」から「三人に一人」に拡大したことになる。

二〇一二年の自治労調査は、主に一般行政職部門（総務・企画、税務、労働、農林水産、商工、土木、民生、衛生など）と公営企業等会計部門（上・下水道や公立病院など）の職員を対象として実施した。二〇一二年四月一日現在の両部門の正規の地方公務員数は、同年の総務省「平成二四年地方公共団体定員管理調査結果」によると一二七万九二一六人であり、「三人に一人は非正規公務員」は、妥

図表１－３　職種別の臨時非常勤職員分布

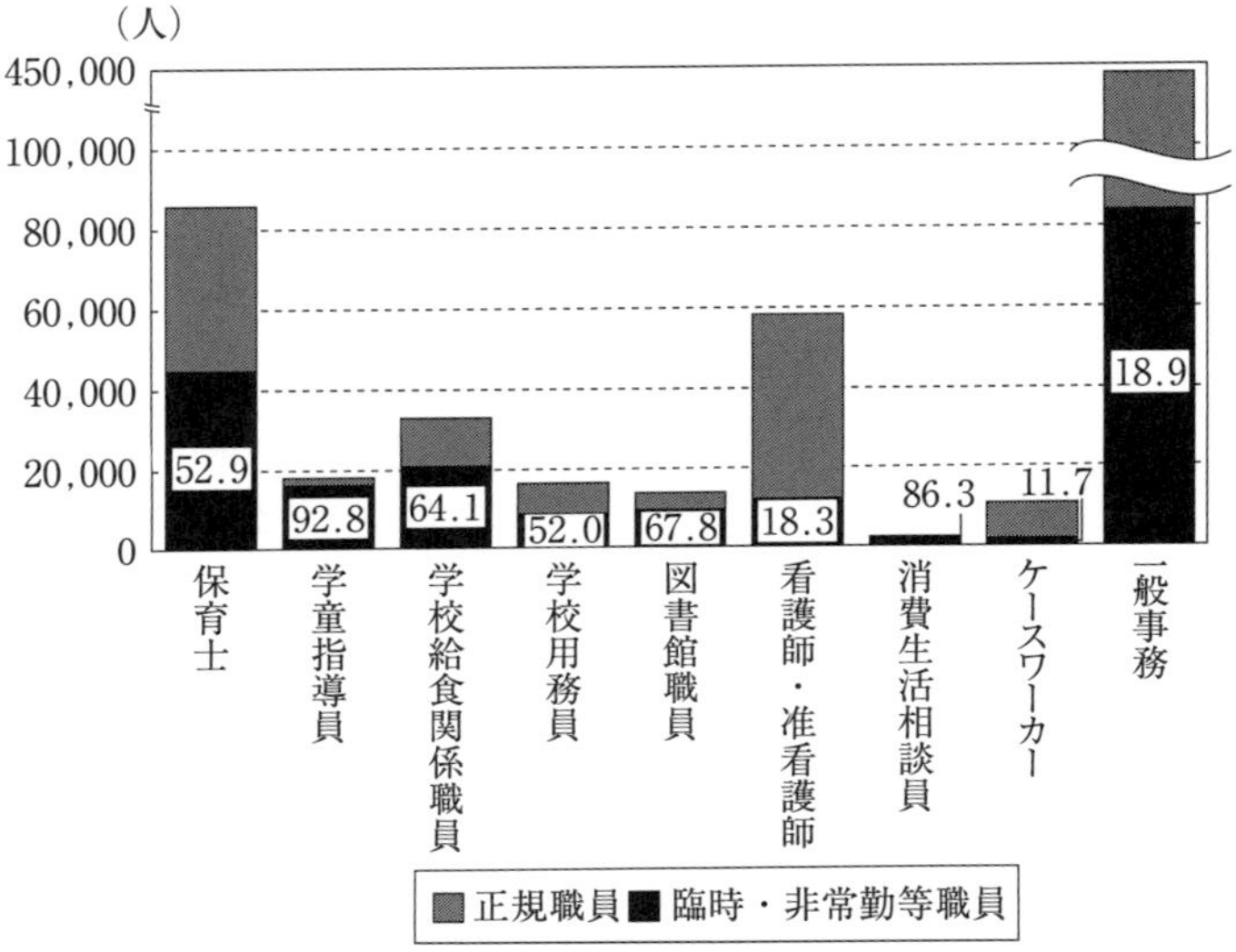

出典）自治労「2012年度自治体臨時・非常勤等職員の賃金・労働条件制度調査結果」

当な表現といえよう。

民間労働者における非正規率は、総務省労働力調査によれば、二〇一二年四～六月平均で三四・五％なので、地方公務員の非正規率はほぼ「民間並」になったということになる。

自治体階層別でみると、小規模自治体になるほど非正規率が高くなり、財政力の弱い町村自治体では、正規：非正規＝六二：三八で、五人に二人は非正規公務員である。そして、非正規が正規を上回る自治体は、町村自治体を中心に回答自治体の一割にあたる八〇団体に及ぶとしていた。

勤務時間が正規公務員の四分の三以上ある、すなわちこの間の裁判例からすれば「常勤の職員」とみなされる非正規公務員は六一・二％にのぼる。また職種別の構成比率を見ると、学童指導員の九二・八％、

図表1－4　非正規公務員の時給の分布

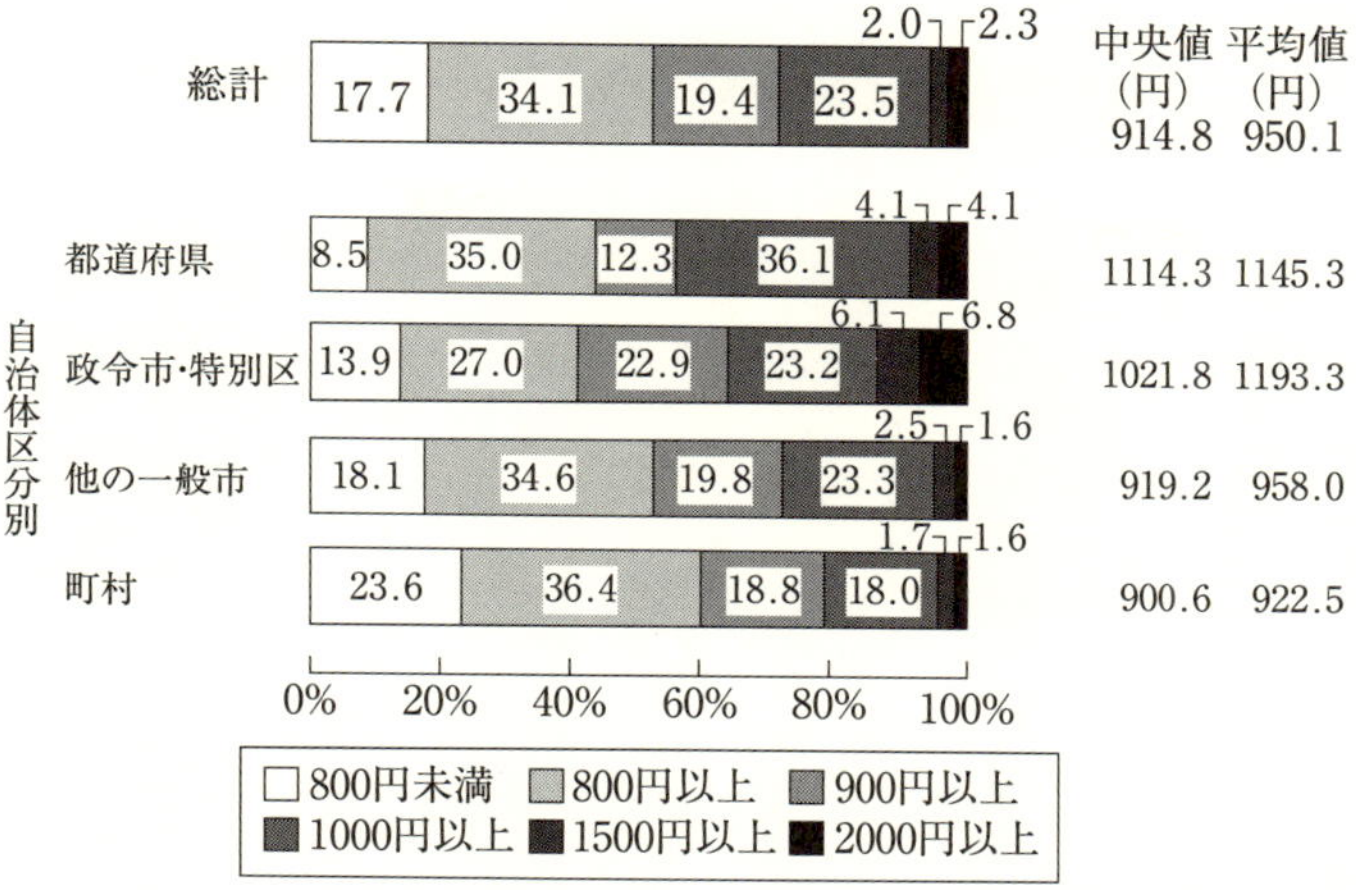

出典）自治労「2012年度自治体臨時・非常勤等職員の賃金・労働条件制度調査結果」

消費生活相談員の八六・三%、図書館員の六七・八%、学校給食関係職員の六四・一%、保育士の五二・九%、学校用務員の五二・〇%が非正規公務員である。生活保護に関する業務を担うケースワーカーでも非正規率は一割に達している（図表1－3）。

一方、非正規公務員の処遇は厳しく、時給制では九〇〇円未満が過半数を占め、フルタイムで年間五二週働いたとしてもワーキングプアのボーダーラインである年収二〇〇万円に届かない（図表1－4）。

保育士や図書館職員を含む代表的な六職種では、昇給がない自治体が七割超、期末手当なしは六割前後、通勤費なしは二割超となっている。

しかも、一回の任用期間は大半が一年以内で、任用回数の上限を定めている自治体も数多く存在する。

約六〇万人　総務省調査

二〇一三年三月、自治労調査より詳細な調査結果が総務省より公表された。この総務省調査二〇一二は、二〇一二年四月一日を基準日に実施したものであり、二〇〇五年、二〇〇八年に続き、三回目となる。

総務省調査の調査対象職員は、都道府県、政令市、市町村等（市町村、特別区、一部事務組合、広域連合及び財産区）の臨時・非常勤職員（地方公務員法三条三項三号、一七条または二二条二項若しくは五項により採用されている者）であって、任用期間が六ヵ月以上または六ヵ月以上となることが明らかであり、かつ、一週間当たりの勤務時間が一九時間二五分以上の職員である。このため、たとえば東京都の知事部局のように、一〇〇〇人を超える臨時職員が勤務していても、雇用期間二ヵ月のため総務省への報告は臨時職員は〇人とある。

総務省調査二〇〇五では、全国の臨時・非常勤職員数は四五万五八四〇人であったと公表していた。同時点の正規公務員数は三〇四万二一二二人であるから、全職員に占める臨時・非常勤職員数は約一五%、七人に一人となる。

総務省調査二〇〇八では、臨時・非常勤職員数は全自治体で四九万九三〇二人であり、二〇〇五年調査より四万三四六二人増え、三年で約一割増加していた。同時点の正規公務員数は二八九万九三七八人であるから、非正規率は約一七%、六人に一人へと割合を拡大させていた。

そして総務省調査二〇一二では、全自治体で六〇万三五八二人であり、二〇〇八年調査より四年間で一〇万四二八〇人、約二割も増えていた。四年間で約一〇万人増加というのは自治労調査と同様である。

図表1－5　臨時・非常勤職員数（職種別・団体区分別）総務省調査

単位：人

職種	2005年	2008年	2012年	08-12	対08年比	05-12	対05年比
一般事務職員	112,315	119,810	149,562	29,752	25%	37,247	33%
技術職員	7,147	7,388	8,855	1,467	20%	1,708	24%
医師	9,955	9,335	8,743	-592	-6%	-1,212	-12%
医療技術員	7,216	8,637	10,969	2,332	27%	3,753	52%
看護師等	21,312	23,477	25,947	2,470	11%	4,635	22%
保育士等	79,580	89,563	103,428	13,865	15%	23,848	30%
給食調理員	35,313	37,305	39,294	1,989	5%	3,981	11%
技能労務職員	57,926	54,018	59,254	5,236	10%	1,328	2%
教員・講師	46,530	57,327	78,937	21,610	38%	32,407	70%
その他	78,546	92,442	118,593	26,151	28%	40,047	51%
合計	455,840	499,302	603,582	104,280	21%	147,742	32%

出典）総務省調査が実施された各年の「臨時・非常勤職員に関する調査結果について」から筆者作成（全地方公共団体分）

同時点の正規公務員数は、二七六万八九一三人であるから、非正規率は、約一八％で、五・五人に一人は非正規公務員ということになる。

しかも、六〇万人超の非正規公務員のうち七四・二％が女性である。

図表1―5は、総務省の三回の調査から職種別に増減を計算したものである。二〇〇五年と二〇一二年の対比で最も増加割合が高かったのは公立学校の「教員・講師」で、二〇〇五年に四万六五三〇人だったものが、二〇一二年には七万八九三七人となり、七年間で七〇％も増えている。次が医療技術員の五二％（三七五三人）、一般事務職員が三三％（三万七二四七人）、保育士等が三〇％（二万三八四八人）となっている。

非正規公務員数が、最も増大しているの

図表１－６　非正規率50%以上の自治体

順位			非正規公務員合計　A			正規職員合計　B	全職員計A＋B	非正規率　%
			男	女	計			
1	筑北村	長野県	158	71	229	108	337	68.0
2	小布施町	長野県	30	173	203	99	302	67.2
3	上野村	群馬県	38	39	77	42	119	64.7
4	宜野座村	沖縄県	82	84	166	94	260	63.8
5	佐々町	長崎県	38	123	161	97	258	62.4
6	菊陽町	熊本県	32	295	327	220	547	59.8
7	太地町	和歌山県	46	45	91	64	155	58.7
8	東川町	北海道	29	110	139	99	238	58.4
9	古平町	北海道	67	31	98	71	169	58.0
10	潟上市	秋田県	70	338	408	304	712	57.3
11	朝日町	三重県	15	100	115	87	202	56.9
12	大刀洗町	福岡県	16	97	113	89	202	55.9
13	与那原町	沖縄県	20	125	145	115	260	55.8
14	豊浦町	北海道	45	100	145	116	261	55.6
15	善通寺市	香川県	100	228	328	267	595	55.1
16	立科町	長野県	23	114	137	114	251	54.6
17	一戸町	岩手県	47	116	163	136	299	54.5
18	高森町	長野県	22	84	106	91	197	53.8
19	大崎市	宮城県	864	1360	2224	1,912	4,136	53.8
20	与論町	鹿児島県	38	86	124	108	232	53.4
21	東浦町	愛知県	59	376	435	382	817	53.2
22	島本町	大阪府	23	265	288	253	541	53.2
23	読谷村	沖縄県	61	219	280	247	527	53.1
24	恩納村	沖縄県	42	106	148	131	279	53.0
25	増毛町	北海道	58	109	167	148	315	53.0
26	糸魚川市	新潟県	304	344	648	582	1,230	52.7
27	明和町	三重県	9	198	207	192	399	51.9
28	蘭越町	北海道	33	96	129	121	250	51.6

29	高山村	長野県	21	61	82	77	159	51.6
30	日吉津村	鳥取県	6	44	50	47	97	51.5
31	大槌町	岩手県	58	77	135	127	262	51.5
32	岬町	大阪府	34	134	168	159	327	51.4
33	中野市	長野県	56	396	452	432	884	51.1
34	玉城町	三重県	18	175	193	185	378	51.1
35	丹波山村	山梨県	11	17	28	27	55	50.9
36	舟橋村	富山県	6	26	32	31	63	50.8
37	喬木村	長野県	10	55	65	63	128	50.8
38	鯖江市	福井県	51	355	406	400	806	50.4
39	富谷町	宮城県	28	249	277	274	551	50.3
40	信濃町	長野県	42	157	199	197	396	50.3
41	塩尻市	長野県	82	469	551	546	1,097	50.2
42	大野市	福井県	232	173	405	402	807	50.2
43	水巻町	福岡県	3	149	152	152	304	50.0

出典）総務省調査2012と総務省「地方公共団体定員管理調査結果」（2012年）より筆者作成

は、「その他」の職種である。ここには、各種の相談員、指導員等が含まれ、ドメスティック・バイオレンスや消費生活など、この間、行政需要が急速に高まっている相談業務の分野で、非正規公務員が急速に増加していることをうかがわせる。

二〇一二年四月一日現在、日本の地方自治体（都道府県、政令市、市区町村）数は一七二七団体であったが、このうち四三市町村（全地方自治体の二・五％）では、非正規公務員数が正規公務員数を上回る（図表1－6）。総務省調査二〇〇八では、非正規公務員数が上回っていた地方自治体は一七団体だったので、正規公務員の非正規公務員への置き換えが急速に拡大したことになる。長野県筑北村では、正規公務員一〇八人に対し非正規公務員は二二九人で、非正規率（非正規公務員数／（正規公務員数＋非正規公務員数））は六八％、すなわち筑北村で働いている公務員の三人のうち二人は非正規公務員である。また、香川県善通寺市の非正規公務員は全員が特別職非常勤職員で、地公法が適用されないことから労働基本権（団結権・協約締結権・争議権）の制約がない。つまり善通寺市に勤務する職員の半数以上は合法的にストライキを実施できる公務員なのである。

三　正規公務員との置き換えと賃金差別

非正規公務員の増加の背景には、常勤職員の定員削減と人件費抑制があり、非正規公務員への置き換えが進められてきたのではないか。それを検証する目的で作成したのが図表1―7である。正規公務員数の数値については、「臨時・非常勤職員に関する調査結果」の調査年の「地方公共団体定員管理調査結果」を用いた。

二〇〇五年から二〇一二年にかけ、正規公務員は二七万三二〇九人減少し、同期間に非正規公務員は一四万七七四二人増加した。人員上では、全体で五四%が非正規公務員に置き換わった計算になる。正規公務員と非正規公務員の増減員を職種ごとに対比させてみると、教員・講師、保育士等は、正規公務員の減少数を上回って採用されている（教員・講師一・三六倍、保育士一・二倍）。これら職種では、正規が非正規に代替しただけでなく、当該公共サービス分野の行政需要の高まり（授業時間数の増加、少人数学級、待機児童の解消等）に対し、非正規公務員をもって補充されたことがうかがわれる。なお、給食調理員と技能労務職員は、この期間に常勤職員が四割前後減少しているにもかかわらず、非正規公

図表1－7　正規公務員から非正規公務員への置き換え

職　種	正規公務員数　※			正規公務員の増減数		非正規公務員増減数	置換率
	2005年4月	2008年4月	2012年4月	05-12　a	対05年比	05-12　b	b／a
一般事務職員	829,587	783,085	743,767	-85,820	-10%	37,247	0.43
技術職員	252,165	234,474	216,435	-35,730	-14%	1,708	0.05
医師	28,803	26,333	25,224	-3,579	-12%	-1,212	-
医療技術員	58,496	54,583	50,794	-7,702	-13%	3,753	0.49
看護師等	183,088	174,970	168,072	-15,016	-8%	4,635	0.31
保育士等	120,210	109,308	100,331	-19,879	-17%	23,848	1.20
給食調理員	57,191	46,141	33,282	-23,909	-42%	3,981	0.17
技能労務職員	181,648	150,990	115,039	-66,609	-37%	1,328	0.02
教員・講師	877,087	863,545	853,278	-23,809	-3%	32,407	1.36
その他	453,847	455,949	462,691	8,844	2％	40,047	-
合計	3,042,122	2,899,378	2,768,913	-273,209	-9%	147,742	0.54

出典）総務省調査が実施された各年の「臨時・非常勤職員に関する調査結果について」（全地方公共団体分）ならびに該当年の総務省「地方公共団体定員管理調査結果」から筆者作成。

※正規公務員の職種の分類については、「地方公共団体定員管理調査結果」の「第4表　職種別職員数」の区分・職員数を、2012年調査に掲載されている職種分類表に基づき、再分類したものである。

図表1－8　非正規の事務補助職員の報酬等の状況

		時給平均額（A）	平均週勤務時間（B）	年収換算額（A×B×52週）	正規・非正規公務員の年収格差　※
都道府県	特別職	1,097	29.5	1,682,798	27%
	一般職	951	31.7	1,567,628	25%
	臨時職員	854	38.4	1,705,267	27%
政令市	特別職	1,305	31.0	2,103,660	34%
	一般職	848	32.0	1,411,072	23%
	臨時職員	861	36.8	1,647,610	26%
市町村	特別職	1,253	32.5	2,117,570	34%
	一般職	1,006	33.5	1,752,452	28%
	臨時職員	841	36.5	1,596,218	26%

出典）総務省調査2012より筆者作成
※非正規公務員の年収換算額を正規公務員の年収総額で除して算出した。正規公務員の平均年間給与総額については、総務省「平成24年度地方公務員給与実態調査」より、職種別平均給与月額（全地方公共団体）のうち一般行政職の平均給与を用いた。同調査によると、平成24年4月1日現在の一般行政職の平均給料月額は33万1189円、平均諸手当額は8万0081円。年間の一時金は給料月額の3.95月として130万8197円が支給されたものとして、平均年収総額は624万3437円となる（平均年齢は43.1歳）

務員の著しい増加は認められず、これら職種に関しては民間委託等が進展したものと推察される。

置き換えが進むのには、それなりの理由がある。最大の理由はやはり賃金の相対的低さだろう。

総務省調査二〇一二では、事務補助職員の報酬額と勤務時間の状況について、自治体階層別・採用種類別に紹介している。これらを基礎に五二週を単純に乗じて年収換算額を求めたのが、図表1―8の「事務補助職員の報酬等の状況」である。どの層も平均週勤務時間は常勤職員の四分の三を超え、最近の裁判例からは「常勤の職員」と認められる。それでも年収換算で二〇〇万円を超えるところはわずかで、最も高額に算出される市町村の特別職非常勤職員の事務補助職員でも約二一二万円でしかない。おそらく他の職種についても同様の傾向だろう。地方公務員の非常勤の職員には自治法二〇三条の二の定めにより諸手当は支給できないと解されている。したがって、交通費などの費用弁償を除けば報酬だけが勤務先の自治体から支給される総額だとみなされる。週三〇時間以上働いていれば他の賃金労働に供すべき時間はあまりない。年収二〇〇万円以下の収入で単収世帯であればやはり生活は厳しい。

常勤の一般行政職地方公務員の平均給与（給料と手当）月額は、四一万一二七〇円（二〇一二年四月一日現在）。これに年二回支給される期末・勤勉手当（一時金）として給料月額の三・九五月分にあたる一六二万四五一七円が、最も低く見積もっても平均で支給されている。これらを合算すると年収は六二四万三四三七円となる。これを分母に非正規の事務補助職員の年収換算額を除すると、図表1—8に出ているように、年収ベースでは四分の一から三分の一程度の水準である。とりわけ臨時職員の週勤務時間は、正規・常勤職員の週勤務時間である三八・七五時間（週三八時間四五分）と大差はない。それにもかかわらず、年収換算額は正規・常勤職員の四分の一という格差状況なのである。

正規公務員を非正規公務員に置き換えるということは、正規が担っていた仕事をそのまま非正規が受け継ぐことである。このため、日本のそこかしこで、クラス担任のベテランの臨時教員や非常勤保育士が出現しているのだが、正規を非正規に置き換えるだけで、人件費は大幅に削減できる。だから置き換えがとめどなく進んできた。

非正規公務員の賃金水準が抑制される理由として、担当業務が異なることがしばしば理由としてあげられる。すなわち非正規公務員が担っている仕事は、臨時的で補助的なものであり、したがってその採用形態は有期任用で定数外であり、賃金も予算の範囲内で決定される。一方、正規公務員は恒常的かつ本格的業務に従事し、無期任用で、したがって定数内の正式採用であるから、非正規公務員とは自ずと異なるというのである。

だが、非正規公務員を有期任用の定数外として扱ってきた本当の理由は、「『常勤の職員』の人数が条例で定められた定数を超えることができないものとされている関係上、本件非常勤職員を任用することによって上記定数を超えてしまうことのないように、形式的に『非常勤の職員』として採用せざるを得なかった」(枚方市非常勤職員退職金等支給事件・大阪高判平二二・九・一七)からではないのか。増大する行政需要に正規公務員だけでは対処できない事態に立ち至ったから、非正規公務員で代替させ、あるいは補充してきたのではないのか。つまり、はじめから正規公務員と同等の仕事をさせることを予定していたのではないのか。

そうだとすると、担当業務が異なるという理由は幻想で、賃金格差正当化の理由にはならない。むしろそれは賃金差別である。

第2章　非正規公務員増加の三類型

あまり想像したくない物語が頭の中を渦巻いている。

生活保護の申請の窓口に座る職員に「申請を受け取るな。働けと言え」と上司から指示が出る。その職員は、生活保護の相談のため窓口を訪れた困窮者に、上司に指示された通りのことを言い、申請書を渡さず、かわりに「税金のお世話にならず、頑張って働きます」と記した誓約書を書かせた。その職員は非正規公務員で、処遇はワーキングプア層だった。

自立して生活を営むことが困難な給与額しか支払われていない非正規公務員が、すでに自立した生活を営むこともできない生活困窮者に「働け」と説き、追い返す。

このような苛酷な物語は、すでに各地で発生している。

一　生活困窮者をケアする非正規公務員

生活困窮者相談業務と非正規公務員

東京の多摩地域の自治体に、生活保護の面接相談員として勤務していた非正規公務員のある女性は、二〇一三年度末で退職した。長く勤務し、経験を積んでも「昇給」はなく、年収は手取りで二四〇万円ほど。大学での非常勤講師も勤めるが、そこではわずかな収入しか得られず、一日八時間、週四日勤務のその自治体から得られる収入が生活の糧の中心となる。

業務内容は、生活に困窮し相談に訪れる市民に生活保護の趣旨を説明するほか、生活保護法以外の他法の施策の活用を助言し、生活保護の申請書の交付・受理を行う。訪れる相談者は、元麻薬中毒患者、元受刑者、メンタルヘルスのケアが必要な住民を含み、相談内容は多岐に渡る。

生活保護の申請窓口に非正規公務員を配置するという事例は、生活保護の受給者が急拡大している都市部を中心に頻発している。生活保護ケースワーカー（ＣＷ）数の標準を定める社会福祉法一六条は、ＣＷ一人あたりの被保護世帯数を概ね八〇世帯を「標準」としているが、生活保護受給者の増大により同法の「標準」は空文化し、二〇一〇年度には全国平均でＣＷ一人あたり一〇〇世帯を担当し、都市部では「標準」の倍を超えるところもある。

そこで生活保護世帯が急増している自治体では、生活保護業務を分割し、相談窓口に非正規公務員のＣＷを配置することで、正規公務員ＣＷは保護の決定処分や訪問調査業務に特化するという対応を進めてきている。

しかしここには重大な過誤がある。さまざまな困難を抱える困窮者に対応することは、専門知識と豊富な経験と強い意志が必要で、生半可なことでは立ち行かない。そうした業務に、不安定雇用で処遇の低い非正規公務員を充て、一般職の正規公務員は三年ほどの人事ローテーションで配置されたに過ぎないから口を挟めないということを逃げ口上に業務を丸投げしているのは、相談窓口であり生活困窮者のケアにつながる専門業務が低く評価されているからである。

相談窓口に多く配置される非正規公務員

何らかの困難を抱えた住民に直接対応する相談業務に、非正規公務員が配置される事例は枚挙に暇がない。

たとえば、消費生活相談員では、七六・八％にあたる二五六九人が非正規公務員である（「平成二六年度地方消費者行政の現況調査」）。つまり消費生活相談員の四人のうち三人は非正規公務員である。

またハローワークでは、二〇一四年度において、常勤職員一万一一四〇人に対し非常勤相談員が一万六七三七人で、ハローワークで失業者の求職相談にあたっている相談員の五人のうち三人は非正規公務員なのである。

さらに婦人（女性）相談員である。

二〇一四年について、婦人（女性）相談員の委嘱状況をみると（図表2―1参照）、八割の婦人（女性）相談員が非常勤職員である。二〇一二年四月一日現在と比較すると、この二年間で婦人（女性）相

図表２－１　婦人相談員の委嘱状況　(2014年)

	常勤	%	非常勤	%	合計
都道府県	78 (82)	17 (18)	384 (381)	83 (82)	462 (463)
市区	177 (168)	21 (22)	656 (586)	79 (78)	833 (754)
合計	255 (250)	20 (21)	1,040 (967)	80 (79)	1,295 (1,217)

出典）厚生労働省家庭福祉課「平成26年度婦人保護事業実施状況報告」より筆者作成
注）カッコ内は，2012年４月１日現在の状況

談員は七八人増加しているが、ほとんどが非常勤職員で（七三人増）、非正規割合も高まっている。残り二割の常勤職員の内実も、そのほとんどが、母子及び父子並びに寡婦福祉法に規定する自立支援員で、婦人（女性）相談員との兼務である。ＤＶ被害相談が拡大する中にあって、これら兼務職が本来の自立支援の職をまっとうできないという別の問題も発生している。

婦人（女性）相談員は、ＤＶ被害女性の自立を実現することを目標にしている。しかし、彼女たち婦人（女性）相談員の仕事の評価は低く、処遇も年収二〇〇万円程度であり、雇止めの危機に常にさらされ、研修の機会も多くない。

「自立」を支援する婦人相談員が、経済的に「自立」できないでいる。

自治体の公共サービスのうち、非正規公務員への代替が進められている分野は、相談業務をはじめ看護師、保育士、給食調理員といったケア労働、家事的労働の分野で、このようなケア的・家事的公務は、所詮、家事労働の合間のパート労働であり、非正規でも担いうる軽い仕事という認識が公務職場の「常識」となっている。だからこうした分野を中心に、女性職場化を伴って、非正規化が進む。

だが、非正規公務員が担っている業務の質は深化した。もはや、家事労働の合間のパート労働ではあり得ない。

二　非正規公務員増加要因の三分類

総務省調査では、二〇〇五年から二〇一二年にかけての七年間で、非正規公務員の人数は約四五万人から六〇万人へと一五万人も増加した。労働組合である自治労の調査では、二〇〇八年から二〇一二年にかけての四年間で約一〇万人増加し、非正規公務員は推定七〇万人となったと報告している。

なぜこれほどまでに増加しているのか、増加のパターンは三つに分類できる。

新規需要型

新たな公共サービス需要に対し、正規公務員を配置するのではなく、最初から非正規公務員を採用して配置するものである。この典型例が先述の消費生活相談員であろう（図表2―2参照）。

二〇一四年四月一日現在、全国の消費生活センターには三三四五人の消費生活相談員が配属されているのだが、問題はその内訳である。「定数内職員」といわれる正規公務員は一〇一人に過ぎず、一方、「定数外職員」といわれる非正規公務員の相談員は二五六九人で、法人委託四三六人、個人委託が二三九人。比率で表せば、正規三：非正規七七：委託（法人・個人）二〇で、消費生活相談業務は、圧倒的に非正規公務員によって担われている。

消費生活相談行政は、時代とともに大きく変貌したものの、消費者行政発足当初から非正規公務員によって担うものと認識されていた。

図表２－２　消費生活相談員の採用形態別人数

単位（人）各年４月１日現在

	定数内（常勤職員）	定数外（非常勤職員）	法人委託	個人委託	計
平成21年	75 (2.7%)	2,120 (75.7%)	448 (16.0%)	157 (5.6%)	2,800
平成22年	84 (2.7%)	2,420 (76.9%)	435 (13.8%)	207 (6.6%)	3,146
平成23年	119 (3.6%)	2,524 (76.0%)	427 (12.9%)	251 (7.6%)	3,321
平成24年	126 (3.7%)	2,557 (75.4%)	458 (13.5%)	250 (7.4%)	3,391
平成25年	134 (4.0%)	2,554 (75.8%)	447 (13.3%)	236 (7.0%)	3,371
平成26年	101 (3.0%)	2,569 (76.8%)	436 (13.0%)	239 (7.1%)	3,345
増　減	▲33	15	▲11	3	▲26
増減率	▲24.6%	0.6%	▲2.5%	1.3%	▲0.8%

※広域連合及び一部事務組合を含む。
※増減は平成25年４月１日からの比較。
資料出所）消費者庁「平成26年度地方消費者行政の現況調査」（2014年10月）

一九六六年八月四日付の国民生活審議会消費者保護部会「消費者保護組織および消費者教育に関する中間報告」では、「個別苦情の処理には豊富な商品知識が必要不可欠であるので、地方公共団体の個別苦情の受付窓口には日本消費者協会で養成している消費生活コンサルタントなどの商品知識の豊富な民間の専門家を、例えば非常勤職員として、配置し、地方公共団体職員と共同で処理に当たらせる等の措置が望ましい」と提案し、これを受け、一九六六年八月二二日付け、都道府県知事に対する経済企画庁事務次官及び自治省事務次官の共同通達「地方公共団体における消費者行政の推進について」で、同旨の通達を出している。

このように非常勤職員としてはじまった消費生活相談員なのだが、消費者をめぐる環境は変化し、それにつれて相談内容への対応も、商品に対する苦情処理という段階から、業者と被害者間の紛争処理へと変化する。つまり相談員の役割は、法的知識を備え、合意解決に向けて相談者と事業者との交渉をあっせんするというものに変わっていった。相談員の地方消費者行政における立場も、担当の職員を補完するものから、より主体的、先導的なものへと移行していったのである。

このほか新規需要型の非正規公務員類型として、婦人（女性）相談員が挙げられる。

婦人（女性）相談員の法的根拠は、半世紀以上も前に制定された売春防止法三五条にあり、「要保護女子（＝売春婦のこと。筆者注）につき、その発見に努め、相談に応じ、必要な指導を行い、及びこれらに附随する業務を行う」ものとされ、勤務形態は非常勤とする（四項）と規定されている。ところが社会情勢の変化とともに婦人相談員の業務は拡大する。とりわけ、二〇〇一年の「配偶者からの暴力の防止及び被害者の保護等に関する法律」（以下、「ＤＶ法」という）の制定により、婦人相談所は「配偶者暴力相談支援センター」の機能を果たすことになり、あわせてＤＶ法四条により、「婦人相談員は、被害者の相談に応じ、必要な指導を行うことができる」と規定されたことから、婦人（女性）相談員が対象とする女性は、配偶者からの暴力を受けた者（事実婚を含む）に拡大し、さらに、ＤＶ法の直接の対象とならないが、恋人からの暴力被害者等についても、積極的に保護、援助に取り組むこととされているのである。これらに加え、二〇〇四年には政府が「人身取引対策行動計画」を策定したことから、婦人（女性）相談所と婦人（女性）相談員は、人身取引被害女性からの相談にも対応することとなった。

図表2－3　ハローワークの常勤職員と非常勤の相談員数の経緯

	常勤職員数	非常勤相談員数	合計
2008年度	12,001人	10,221人	22,222人
2009年度	12,008人	17,870人	29,878人
2010年度	11,861人	19,246人	31,007人
2011年度	11,773人	21,295人	33,068人
2012年度	11,589人	20,176人	31,765人
2013年度	11,348人	17,941人	29,289人
2014年度	11,140人	16,737人	27,892人

出典）厚生労働省「公共職業安定所の主な取組と実績」の各年版より筆者作成

このように婦人（女性）相談員は、業務の質量が急拡大しているにもかかわらず、非正規公務員のままである。

補充型

冒頭に紹介した非正規公務員のCWは、補充型の典型である。拡大する公共サービス需要に正規公務員だけでは対応できず、非正規公務員をもって補充する、というものである。

このほか補充型の例としては、ハローワークの相談員の例が挙げられる。（図表2―3参照）

全国の都道府県労働局および職業安定所（ハローワーク）では、リーマンショック以降の雇用対策として、非常勤相談員が二〇〇九年度に約七六〇〇人増員、その後も、二〇一〇年度、二〇一一年度に約一五〇〇人ずつ増員され、二〇一二年度当初、全国のハローワーク（労働局を含む）に勤務する職員は、常勤職員一万一五八九人に対し、非常勤相談員は二万一七六人になり、職業紹介関係業務に従事する職員の三人に二人は非常勤相談員となった。

ハローワークに勤務する非正規公務員の相談員は、制度上、

図表2－4　正規公務員の保育士、常勤的非常勤保育士の推移

	A公立保育所の専任保育士・常勤保育士		B公立保育所の保育士		常勤的非常勤保育士数	
	（人）	増減数	（人）	増減数	（人）	増減数
2001年	125,568		104,516		21,052	
2010年	120,430	-5,138	88,698	-15,818	31,732	10,680

注）A列は、厚生労働省・社会福祉施設等調査、B列は総務省・定員管理調査から

任用期間三年の期間業務職員に位置づけられ、二〇一一年度から二〇一四年度にかけ、期間満了により約五〇〇〇人が雇止めされた。雇止めにあった元相談員がその翌日にカウンターの向こう側に座り、求職活動をしているという笑えない物語が実際に起こっている。

代替型

急速に非正規公務員が増加しているのには、正規公務員から非正規公務員への置き換えが進んでいるからである。ここではこの現象を代替型と呼ぶこととし、保育士を例に検証してみよう。図表2－4をご覧いただきたい。これは厚生労働省・社会福祉施設等調査と総務省定員管理調査を付け合せて、両者の年度ごとの差異を算出することにより、常勤的非常勤保育士数を導き出したものである。

厚生労働省・社会福祉施設等調査報告の施設従事者は、正規か非正規かに関わらず、常勤的に勤務している者を専任者・常勤者として把握する。一方、総務省・定員管理調査が把握すべき対象は、原則として正規公務員のみである。そうすると、前者の数値から後者の数値を差し引くと、非正規の常勤的非常勤保育士の人数が導き出されることになる。

二〇〇一年から二〇一〇年にかけて、全国の公立保育所の専任保育士・

常勤保育士は五一三八人減少している。一方、総務省定員管理調査によればその時期に一万五八一八人の正規公務員たる保育士が減少している。両者を差し引くことで求められる常勤的非常勤保育士数は、同期間で一万〇六八〇人も増加している。つまり常勤的非常勤保育士は専任の常勤保育士に置き換えられ、さらに上回って増加しているのである。

このような傾向は図書館司書、公立小中学校の教職員などで、顕著に現れている現象である。

非正規公務員増加の要因

それにしても、なぜここまで急速に、非正規公務員は増加しているのだろうか。

ここには三つの複合した要因が考えられる。

定員削減

第一に、地方における正規公務員の急激な減少である。地方公務員数のピークは一九九四年で三二八万二四九二人。直近のデータである二〇一四年にはその数は二七四万三六五四人で、約二〇年で五三万八八三八人、一六・四％の減少である。その増減は行政分野別に濃淡があり、一九九四年を一〇〇とした場合の指数は、警察官が一一四・八、消防吏員が一一〇・一でむしろ増加し、一方、一般行政部門が七七・四、教育部門が八〇・六、公営企業部門が八四・一で、一般行政部門を中心として減員している。教育部門でも減員しているが、ここには教員、給食調理員、用務員などが含まれる。総務省調査二〇一二では、最も非正規公務員が多い職種は一般事務職員、二番目が各種相談員等で構成される「その他

図表２－５　地方公共団体の総職員数の推移（平成６年～平成26年）

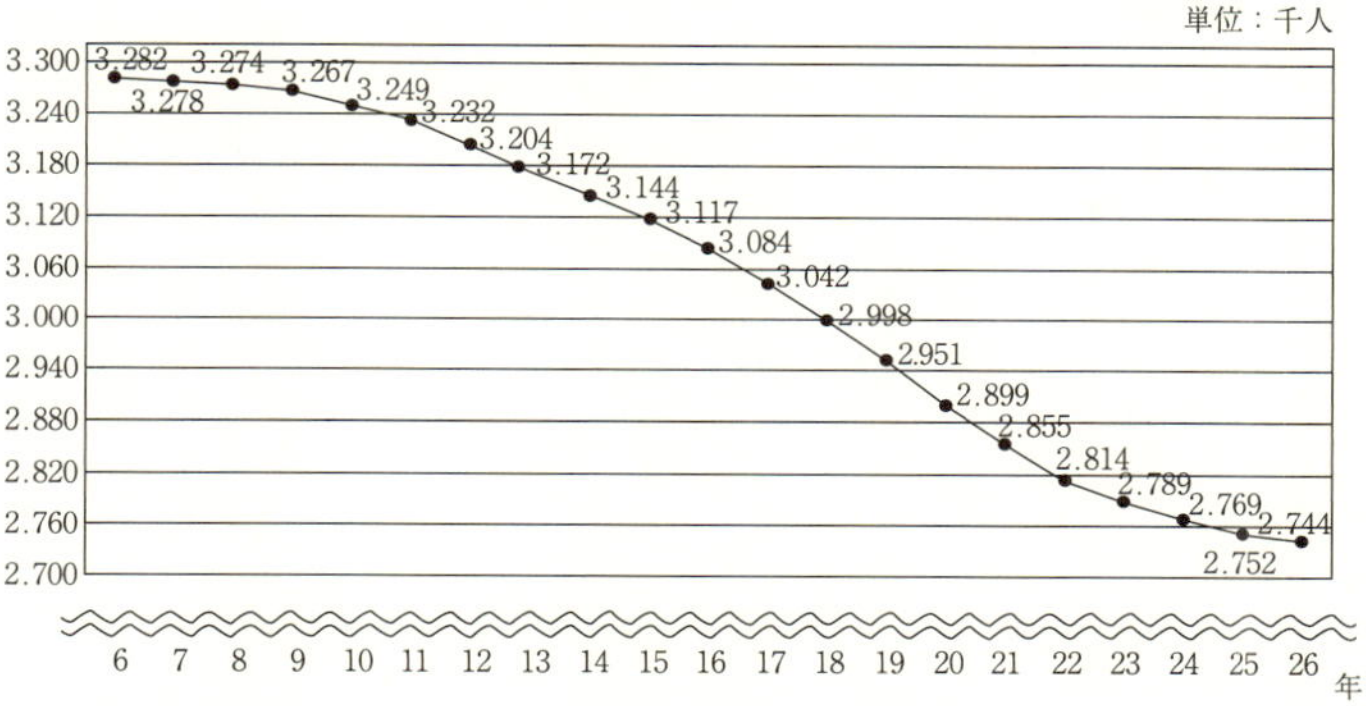

出典）総務省「平成26年地方公共団体定員管理調査結果の概要（平成26年４月１日現在）」

（行政職員）」、三番目が教員・講師であることから、正規公務員の減員部門・職種にこそ、非正規公務員が代替して任用されてきたことが読み取れる。

物件費としての報酬――見かけ上の人件費削減

第二に地方財政の硬直化である。一九九〇年代、バブル経済崩壊後の景気対策に地方財政が動員されるなかにあって地方自治体は債務を拡大し、さらに不況による租税収入の減少等により借金依存の財政運営を強いられることになった。歳出においては景気悪化や高齢化の進展に伴い生活保護費等の扶助費が急速に増大した。

地方税等の歳入が逼迫する中にあって、増大する公債費や扶助費の負担を賄うために、地方自治体は、人件費削減に直接的な効果をもたらす定員削減にむかっていった。

ところが第三に、行政需要は一九九〇年台以降、高まっている。生活保護受給者は増大し、生活保護受給者の自立をめざす就労支援需要も高まる。景気後退の中で、収入の減った労働者の家計では家族も働きに出ざるをえず、共稼ぎ世帯の増大により保育需要も急速に高まり、都市部を中心に深刻な待機児童が発生している。ところが行政需要の高まりに対して、自治体は、人件費拡大圧力につながる正規公務員を増やすことはできない。この急激な行政需要の拡大が、非正規公務員増大の三つめの要因である。

さらに、地方自治体にとって都合のよいことに、非正規公務員が増大しても人件費は増えない。なぜなら非正規公務員に支払われる報酬・賃金や費用弁償は、地方財政における歳出科目では、人件費ではなく物件費という費目に計上されるからである。物件費とは、地方自治体が業務を遂行する際に支出する消費的経費のうち、人件費、維持補修費、扶助費、補助費等以外の経費の総称で、具体的には、賃金、旅費、交際費、需用費（消耗品費、燃料費、食糧費、印刷製本費、光熱水費、修繕費等）、役務費（通信運搬費、広告料、手数料等）、備品購入費、報償費、委託料、使用料及び賃借料、原材料費などで構成される。つまり非正規公務員に支払われる報酬や賃金は、消耗品的性格で、電気代、ガス代、原材料費と同様のものと考えられている。一方、人件費とは、無期雇用の正規公務員に支払われる給与だけを指し、非正規公務員の報酬等は含まれないので、正規を非正規に置き換えると見かけ上の人件費が実人員以上に削減されることになる。

非正規公務員という身分のまま新たな公共サービスの需要に対応し、あるいは、正規公務員が足りないが故に正規公務員と同じ仕事をすることを想定されて補充され、さらには、置き換えることにより人件費が削減できるという理由により正規公務員を代替していく。共通しているのは、彼女・彼らが担う公共サービスは基幹的業務であり、彼女・彼らがいないと公共サービスは展開できない段階に差し掛かっているということである。

だが、非正規公務員なのだから、その業務は「家事労働の合間のパート労働」という、頭にこびり付いた観念は払拭できていない。このような「ガラパゴス自治体」が、「ブラック自治体」の温床となっている。

第3章　非正規公務員と「ブラック自治体」の実像

自治体に働く非正規公務員は、六〇～七〇万人といわれているが、正確な人数は把握されていない。しかし、この間で急増していることは確かなようで、地域住民に最も身近な政府である市町村の非正規率は三割を超える。非正規公務員の年収は平均で二〇〇万円に至らないワーキングプア水準の処遇でありながら、常勤職員に代替し公共サービスに従事する。このような状況を放置しているかぎり、住民が安心して生活することを可能とする持続可能な公共サービスは維持できない。ところが多くの自治体は、状況が限界点に達していることに気づいていない「ガラパゴス自治体」のままである。そして、この「ガラパゴス自治体」が、「ブラック企業」（労働者を酷使・選別し、使い捨てにする企業）ならぬ「ブラック自治体」の温床になって、非正規公務員の処遇をワーキングプアのままに放置し、法令を無視し、当然にして与えられるべき勤務条件を与えず、紛争が発生しそうになると雇止めするという事態を繰り返している。

一　不必要な「空白期間」

首都圏のある市立図書館に臨時職員として勤務する彼女は、二月の期間雇用の後、二月の空白期間を置き、再び同市立図書館に二月間雇用される。これを数年来繰り返している。空白期間の前後の仕事に変化はなく、期間終了間際になると二月後の採用のための応募書類が市立図書館の担当者から渡される。二月後の人員配置にすでに組み込まれているのだ。

彼女は、地公法二二条五項に基づき採用される臨時職員である。地公法二二条五項は、「（前略）任命権者は、緊急の場合又は臨時の職に関する場合においては、六月をこえない期間で臨時的任用を行うことができる。この場合において、任命権者は、その任用を六月をこえない期間で更新することができるが、再度更新することはできない」と定める。この条文からは一回の更新はできるが、再度更新することはできないと読める。そこで彼女が勤務する市立図書館の担当者は、この地公法二二条五項の規制を免れて繰り返し採用するために、二月の空白期間を置いていると説明する。

空白期間の長さは自治体により区々《まちまち》であるが、臨時職員の繰り返し採用に際し空白期間を置くという運用は、一般的に行われている。だが、このような運用は地公法二二条が求めるものではなく、そもそも「空白期間」を置く必要はない。

それは、「任期の更新」と「再度の任用」は異なる概念だからである。

「任期の更新」とは、引き続く任用をいい、一回更新最長一年の任期の終了後、再度、同一の職務内容の職に任用されることは、あくまでも新たな職に改めて任用されたもので更新ではない。たとえば、クラス担任を持った臨時教員という例を挙げて説明すると、四月一日に小学校の六年一組のクラス担任になり、この臨時教員の一回の任期は、六月だから九月三〇日をもって任期が切れる。そこで教育委員会は、この臨時教員を引き続き六年一組の担任として勤めてもらうため、一〇月一日から翌年三月三一日までの間の期間の範囲で任期を更新する。三月に六年一組の児童は無事卒業し、この臨時教員の担任の仕事も終了するが、翌月の四月一日に再度同じ小学校で六年一組の担任として任用された。六月任期一回更新最長一年の臨時教員の任期を終えて、新たに新年度の六年一組の担任になったのであるが、新年度の六年一組という担任の職は、前年度の六年一組の担任という職とは異なる新たな職であり、新たな職に任用されるのは、任期の更新ではなく、「再度の任用」なのである。

このように、六月終了後の任用は、同じ職に引き続き任用されたので更新だが、一年終了後は、その職は予算単年度主義（自治法二〇八条）の原則のもと、新年度予算に基づき設定された新たな職であって、新たな職への任用は、更新ではなく「再度の任用」という考え方なのである。そして更新ではないので、「空白期間」を置く必要はない、という理解なのである

この点については、総務省の運用通知「臨時・非常勤職員及び任期付職員の任用等について」[1]（以下、「総務省通知二〇一四」という）でも、「任期の終了後、再度、同一の職務内容の職に任用されること自体は排除されるものではな」く、「あくまで新たな職に改めて任用されたものと整理されるもの」であるという考え方を示し、空白期間を置く必要はないと明記している。

二　任期を短く区切り、空白期間を置く理由

公務員法制の所管官庁である総務省が、空白期間を置く必要がないとしているにもかかわらず、ほとんどの自治体では、従事させる非正規公務員の任期を短期間に区切り、任期と任期の間に空白期間を置く。その理由は、各種保険制度の事業主負担を回避するためである。

常勤職員の勤務時間の四分の三以上の勤務時間で二月（見込み含む）を超えて雇用すると、全国健康保険協会の「健康保険」と「厚生年金保険」に加入させなければならず、雇用する自治体の側に事業主負担が発生する。また任期二月で雇用したとしても、空白期間を置かずに引き続き雇用すると「継続した雇用」とみなされる。だからクーリングオフとしての空白期間を置く。すなわち社会保険の事業主負担分を回避するため、雇用期間を必要以上に短くし、実質的に継続した雇用関係にあることを回避するために空白期間を置き、恒常的業務に非正規公務員を雇用しているのである。

このような取り扱いは労働契約法（以下、「労契法」という）が適用されていれば許容されない。労契法一七条二項は、「使用者は、有期労働契約について、その有期労働契約により労働者を使用する目的に照らして、必要以上に短い期間を定めることにより、その有期労働契約を反復して更新することのないよう配慮しなければならない」と定める。厚生労働省では、同条項の契約期間についての配慮に関して、使用者が一定の期間にわたり有期契約労働者を使用しようとする場合には、その一定の期間より短い期間の労働契約を反復更新するのではなく、その一定の期間を契約期間とする有期労働契約を締結

することである、と説明している(「労働契約法の施行について」(平成二四年八月一〇日、基発〇八一〇第二号、都道府県労働局長あて、厚生労働省労働基準局長通知))。

そうすると先の彼女の例は、臨時的・一時的な業務の増加に対応するものでもなく、一定期間を要する事業でもない恒常的・定性的な業務であるにもかかわらず、必要以上に短い雇用期間を設定して反復更新するという配慮を欠いたものとなる。そして彼女のような非正規公務員の立場からすれば、雇用期間が細切れになることから、徒《いたずら》に不安定な立場に立たされるのである。

三　告発ならびに訴訟のリスク

自治体が非正規公務員の社会保険料負担を逃れるために、頻繁に雇用主変更を行っているという事件が発覚し、訴訟に発展している例もある。

長崎県で二〇一四年五月、県庁で臨時職員として働いていた女性が、県を相手取り、退職手当や慰謝料などの損害賠償を求める訴訟を起こした。この元臨時職員の女性は、交通安全対策関連の部署に配属され、その一つの部署で二〇〇六年八月から二〇一三年三月まで働き続けたのだが、その間、一月毎に雇用主が県と県の外郭団体で計六七回切り替えられ、社会保険に加入できなかったのである。この件で県は記者会見を開き、人事課長が「原告の女性は外郭団体と県の両方の仕事を兼ねており、給料を折半する目的だった。社会保険料を免れる意図はなかった」と説明している。これに対し長崎県労働局は、二〇一五年一月、社会保険に加入させず、就労実態が不適切だったとして長崎県を是正指導した。

また、東京都の臨時職員制度が「憲法が禁じる性差別」に当たるとして、二〇一四年六月、市民団体が国連自由権規約委員会に報告するという事態も生じている。東京都の場合、臨時職員の仕事は「一時的な仕事」であるとして、雇用期間は「原則二ヵ月以内」と定めている。連続雇用期間は最大六ヵ月までで、一ヵ月の雇止め期間を挟んで再度雇用されるというサイクルが繰り返されている。また、任用は部署毎のため、二ヵ月毎に職場が変わることが多く、このため社会保険の加入対象から除外されるばかりか、部署を変更し、クーリングオフ期間を置くことから、労働基準法（以下、「労基法」という）上六月以上の勤務で付与される年次有給休暇も与えられていない。

非正規公務員の四人のうち三人は女性である。このため東京都のこのような取り扱いが男女間の間接差別に該当するとの疑念を惹起したのである。

四　継続任用とみなされる「空白期間」

空白期間を置いたとしても、前後の勤務内容に変化がなければ、継続した任用とみなされ、社会保険の加入要件も年次有給休暇の請求権も引き継がれる。

たとえば、社会保険の被保険者資格は、「有期の雇用契約又は任用が一日ないし数日の間を空けて再度行われる場合においても、雇用契約又は任用の終了時にあらかじめ、事業主と被保険者との間で次の雇用契約又は任用の予定が明らかであるような事実が認められるなど、事実上の使用関係が中断することなく存続していると、就労の実態に照らして判断される場合には、被保険者資格を喪失させることなく取り扱う必要」がある（平成二六年一月一七日付厚生労働省通知「厚生年金保険及び健康保険の被保険者資格に係る雇用契約又は任用が数日空けて再度行われる場合の取扱いについて」）。

現実に雇用関係が継続しているか否かで社会保険の資格の得喪失を判断するという解釈は、健康保険に関しては昭和二年（一九二七年）からの一貫した健康保険法上の解釈である。にもかかわらず自治体では、実態として任用が継続しているにもかかわらず、空白期間を置くことにより機械的に被保険者資格を喪失させ、非正規公務員に不利益を与え続けてきた。

また、年次有給休暇の付与に係る「継続勤務」の要件も、「勤務の実態に即して判断すべきものであるので、期間の定めのある労働契約を反復して短時間労働者を使用する場合、各々の労働契約期間の終期と始期の間に短時日の間隔を置いているとしても、必ずしも当然に継続勤務が中断されるものではない」とされている（平成一九年一〇月一日付厚生労働省通知「短時間労働者の雇用管理の改善等に関する法律の一部を改正する法律の施行について」）。

正規か非正規かに関わらず、地方公務員には労基法が原則適用となっている。年次有給休暇は労基法三九条の定めと法解釈に基づき最低基準として地方公務員に付与されており、この取り扱いは労基法上の解釈が優先される。また労働債権は時効二年であるから、空白期間をおいても継続した勤務とみなされる場合は、年次有給休暇の請求権は付与から二年を超えなければ消滅しない。だが多くの地方自治体では、任用期間が終了したことを口実に、非正規公務員の年次有給休暇の請求権をはく奪してきたのではないだろうか。

五　労基法不適用という誤解

そもそも地方公務員には労基法が原則適用される。ましてや地公法三条三項三号に基づき任用されたとされる特別職非常勤職員は全面適用である。したがって、非常勤職員が時間外勤務や休日勤務をした場合は、労基法に従って時間外賃金や割増賃金を支給しなければならない。ところが、多くの地方自治体で支給されていないのである。それは、公務員給与制度では、時間外の賃金は、「時間外手当」「休日手当」として支給され、自治法二〇四条二項の規定が常勤職員には手当を支給すると規定し、その反対解釈として、非常勤職員には手当は支給できないとされてきたからである。地方自治体の人事課にこの件でヒアリングをしてみると、「自治法上の規定で、非常勤職員には手当は払えない」と返答される。

この問題に関して、総務省通知二〇一四では、「労働基準法が適用される非常勤職員に対して当該所定労働時間を超える勤務を命じた場合においては、当該勤務に対し、時間外勤務手当に相当する報酬を支給すべきものであることに留意が必要である。さらに、仮に労働基準法に定める法定労働時間を超える時間又は休日等の勤務を命じた場合には、当該勤務に対しては、同法三七条の規定に基づき割り増された報酬を支給するなど、同法の規定に沿った適切な対応を行う必要があることに留意すべきである」としている。

総務省調査二〇一二を見ると、第二報酬や時間外報酬というかたちで支払っていると明記する地方自治体はごくわずかしかなく、言い換えれば、多くの自治体で不払い労働の潜在性があるということであり、これは労基法違反、すなわち、犯罪なのである。

六　特別職非常勤職員という任用の誤り

総務省調査二〇一二によると、特別職非常勤職員として任用されている職員の数は、全国で約二三万人に上る。

この特別職非常勤職員について、同条項に基づいてその名称で任用すること自体が法解釈の誤りであるとする裁判例がある。中津市常勤的非常勤職員退職手当請求事件・福岡高判平二五・一二・一二（判時二二二二号一二三頁）がそれである。

原告の学校司書職員は、特別職非常勤職員として任用され、常勤職員と同じ勤務時間（常勤的非常勤職員）で三三年間を途切れなく勤め、六〇歳になって雇止めになったが、退職手当が一円も支払われなかったため、その請求を目的に裁判を起こした。これに対して被告・中津市の主張は、原告の学校司書職員を特別職非常勤職員として任用したこと、中津市の退職手当条例は、その適用を一般職に限定しており、請求に理由がないと主張した。

一審の大分地裁は、中津市の主張を採用し、原告に条例の適用はないと判断した。これに対し、福岡高裁の控訴審判決は一審判断を覆し、原告は特別職ではなく一般職であり、中津市の退職手当条例の適用があるのだから、一〇九二万円の退職手当を支払えと命じた。福岡高裁が原告を一般職であると判断した枠組みは以下のとおりである。

・特別職とは、生活を維持するために常時公務につくのではなく、一定の学識、知識、経験、技能等に基づいて、随時、地方公共団体の業務に参画するもの。

・そうすると、ある職員が特別職に該当するかどうかは、常時か、臨時・随時かによって判断すべき。

・また、勤務時間や勤務日数などの勤務条件や職遂遂行にあたっての指揮命令関係の有無、成績主義の適用の有無が、正規職員と異なるかによって判断される。

これらの枠組みを示した上で、控訴人（＝一審原告）は、勤務時間や勤務日数が正規職員と変わらず、校長の指揮命令下にあり、成績不良の場合は市長から解任されるのだから、中津市教育委員会が控訴人を特別職として任用したのは、「地方公務員法の解釈を誤った任用であるから、そのことをもって、控訴人を特別職の職員であると認定することはできない」とし、控訴人は一般職の職員であるから、同市の退職手当条例が適用になるので、退職手当（一〇九二万円）を支払うべきであるとしたのである。

七　退職手当の不支給

地方公務員の退職手当は各自治体の条例に基づいて定められるが、その支給要件は、国家公務員のそれに準じ、常時勤務かつ六ヵ月以上勤務で退職手当請求権が発生するとしている。また、条例に特別の定めを置かない限り、常時勤務の臨時職員に退職手当を支給しないとすることもできない。

総務省調査二〇一二を見ると、たとえば北海道庁の場合、臨時職員は六三四人いて、このうちフルタイムは五四二人である。この五四二人のフルタイム職員は、六ヵ月以上の常時勤務であることから、条例に特別の定めがない限り、退職手当の支給対象になる。

札幌市は「札幌市職員退職手当条例」の二条に特別の定めを置いて、臨時職員を支給対象から除外している。一方、「北海道職員等の退職手当に関する条例」ならびに多くの北海道内の自治体に適用される「北海道市町村職員退職手当組合退職手当条例」は、札幌市のように臨時職員を支給対象から除外する規定を持たない。ゆえに、六ヵ月以上勤務で、フルタイム勤務の臨時職員には、本来、退職手当を支給しなければならないのである。

臨時教員の状況を見ると、三三都府県で退職手当を毎年支給している。これら都府県の臨時教員は、雇用期間の狭間に空白期間が置かれ、名目上は毎年退職しているので、その都度退職手当が支払われているわけである。

条例に規定する要件を満たしている臨時職員や常勤的非常勤職員に、退職手当が支払われていないとすれば、自治体自らが条例違反をしていることになる。

八　自己都合退職の強制

非正規公務員にとって、最大の課題は雇止め問題であるといっても過言ではない。この点につき、非正規公務員の雇止めに関する裁判例では、公務員の任用は任命権者の側の任命行為が必要であることから、任期満了後に新たな任命行為がなければ、長く勤務していたという事実だけでは無期の任用に転換せず、あるいは従前の任用が継続しているとみなすことはできないとされてきた。しかしながらこの間の裁判例では、非正規公務員にも任用継続に係る期待権は生じるのであって、当該期待権に対する損害賠償請求を認めてきた。

公務員の任用に関しては任命権者に強い裁量権があるようだが、だからといって、非正規公務員の雇用継続の期待権さえ消滅させることができると考えるのは問題である。

愛知県津島市で、臨時保育士を雇止めにした際、必要のない退職願を書かせていたという事件が発覚した。雇止めにあった女性臨時保育士は雇用の継続を希望していたにもかかわらず、市が用意していた退職願への署名を求められ、さらには市がハローワークに提出する離職票にも署名だけを求められ、市職員が後で「雇用延長の申し出はなかった」と記入していた。その結果、女性は「自己都合の退職」と判断され、雇用保険の給付期間が半減されたのである。後で調べたところ、同市はこのようなことを三年前からやっており、本人に無断で離職票に「自己都合」退職と記入された者は二八人に及ぶことが明らかになった。

任期が切れたら自動的に雇止めになるので自己都合の退職願は必要ない。裁判になっても損害賠償を命じられないように、必要のない自己都合の退職願を出させることで予め期待権を遮断しようとしたのではないだろうか。

九　非正規公務員にとってのコンプライアンス

雇用継続に係る期待権を発生させないために再度任用の回数を制限し、再度任用する機会さえも与えない自治体が広がっている。長期にわたり同一の任命権者のもとで勤務してきた非正規公務員を雇止めする事例も多発している。

だが任用回数を制限し、雇止めしなければならない法制度はない。

客観的な能力実証を行った結果としての同一者の再度任用は排除されないことは、先に紹介した総務省通知二〇一四にも明記されている。任用回数制限や機械的な雇止め等の措置は法解釈を逸脱したものである。

すでに公共サービス提供の基幹職員と化した非正規公務員が求めているのは、日々の研鑽と実務経験の積み重ねにより獲得した知識と技術を活かせるよう、自治体が最低でも任用や勤務条件に係る法令を遵守することである。

無知なのか悪意なのかはともかく、雇う側の都合に沿うようねじまげた法解釈に基づき、自らの過失をより弱い者に押しつけ、その場を糊塗する行為は求められていない。

（1）「臨時・非常勤職員及び任期付職員の任用等について」（総行公第五九号、平成二六年七月四日、各都道府県知事、各指定都市市長、各人事委員会委員長等あて、総務省自治行政局公務員部長）。同様の通知は平成二一年にも発出されているが、当時は、総務部長あての公務員課長通知だった。

第4章　見えない存在としての非正規公務員

一　貧困を構造化した公共サービス

自治体がさまざまなかたちで提供している公共サービスは、貧困を構造化して提供されている。それは以下のような視点から、その特徴を捉えることができる。

官製ワーキングプア問題

公共サービスの分野で働く人たちの中には、生活が成り立たない水準の賃金しか支払われていない人たちがいる。これは「官製ワーキングプア問題」と認識されている。

自治体は公共サービスを直営で実施するため、その担い手として正規公務員と、臨時・非常勤職員といわれる非正規公務員を雇うが、このうち非正規公務員に支払われる報酬の水準は、ワーキングプアのボーダーラインとされる年収二〇〇万円を下回っている。

年収二〇〇万円という数値は、日本の民間労働者の平均年収である約四〇〇万円の半分の額ということである。これは相対的貧困率（世帯収入から国民一人ひとりの所得を仮に計算し、順番に並べたとき、中央値の半分に満たない人の割合）を導き出すときに使う指標を援用したものである。

年収二〇〇万円に達するためには、一日八時間、週五日、年五二週休みなく働いたとして、時給は最低でも九六二円が必要だが、臨時・非常勤職員にこの金額以上の賃金を支払う自治体は少ない。

たとえば、総務省調査二〇一二では、臨時職員に支払われる賃金の時給（換算）額は、都道府県で八五四円、政令市で八六一円、市町村で八四一円である。これを地域別にみると、たとえば東京都内二六市のうち回答のあった二二市で、臨時職員に時給九六二円以上を支給している自治体は一つもなく、北海道でも、札幌市以外の三四市のうち回答のあった二〇市で、時給九六二円を上回るところは一つもなく、ボーダーより二〇〇円以上も低い時給の地方自治体が多い（図表4―1、4―2参照）。

地方自治体が一定の公共サービスを業務委託する場合、委託請負事業者で働く労働者の賃金を積算するにあたって何を基準とするかと言えば、多くは地方自治体の臨時・非常勤職員の時給単価を基礎にしていることから、公共サービスの実施者であり発注者である地方自治体は、臨時・非常勤職員の場合は直接的に、委託事業者の労働者の場合は間接的に、ワーキングプアをつくっているといえる。

図表4－1　東京市部自治体　臨時職員の報酬

自治体名	日額	時間額	1時間当たり換算額
八王子市	円	890円	890円
立川市	円	880円	880円
武蔵野市	円	880円	880円
三鷹市	円	900円	900円
青梅市	7,055円	円	910円
府中市	円	850円	850円
昭島市	円	880円	880円
調布市	6,675円	890円	890円
小金井市	円	880円	880円
小平市	円	870円	870円
日野市	円	870円	870円
東村山市	円	850円	850円
国分寺市	円	850円	850円
狛江市	円	860円	860円
東大和市	円	860円	860円
清瀬市	円	880円	880円
東久留米市	円	860円	860円
武蔵村山市	円	850円	850円
多摩市	円	950円	950円
稲城市	円	880円	880円
羽村市	円	840円	840円
あきる野市	円	837円	837円
西東京市	円	837円	837円

出典）総務省調査2012　東京都報告資料より筆者作成

図表4－2　北海道市部自治体　臨時職員の報酬

自治体名	日額	時間額	1時間当たり換算額
旭川市	6,060円	790円	790円
室蘭市	5,960円	円	769円
釧路市	5,580円	円	720円
夕張市	円	775円	775円
留萌市	円	735円	735円
苫小牧市	6,400円	820円	820円
稚内市	6,400円	円	826円
美唄市	円	730円	730円
芦別市	円	706円	706円
赤平市	円	740円	740円
士別市	6,040円	円	779円
名寄市	6,450円	円	810円
三笠市	2,820円	円	705円
根室市	円	円	760円
滝川市	円	740円	740円
砂川市	円	720円	720円
歌志内市	5,430円	円	724円
深川市	2,956円	円	739円
登別市	5,600円	730円	730円
伊達市	5,960円	円	769円

出典）総務省調査2012　北海道報告資料より筆者作成

問題の隠蔽と身分差別

非正規公務員や委託労働者の実態は見えない。それは非正規公務員や委託労働者が公共サービスの担い手とは考えられていないことに加え、その背景には、日本型雇用システムという問題があるためである。

日本型雇用システムで重視されるのは、職務ではなくメンバーシップである。会社の正社員であるというメンバーシップが重視され、雇用が保障される一方で、どのような職務命令にも従うことが要求される。職務とは無関係に締結されるこのような雇用契約は「職務無限定雇用契約」とも称される。そして職務が無限定なので、異動や転勤も拒否できない。これが日本型雇用システムの特徴である。

公務員の人事制度も日本型雇用システムの下にあり、地方自治体に就職して職員になる場合も同様に、公務員という身分が付与され、いかなる職務も担当することが当然のように要求される。まずは公務員に任官され、任官後または任官と同時に担当する職務が割り振られる。このような公務員の人事制度は任官補職制度と称され、明治憲法下の官吏制度の下でのシステムであって、戦後、アメリカ型の公務員制度が日本に導入されるにあたって、否定されたはずのものであった。

官民に共通した日本型雇用システムの下では、正規と非正規の区分要素として、「常勤」+「無期雇用」+「直接雇用」の三要件に加え、「職務無限定」をプラスして考えるべきだと、濱口桂一郎氏（独立行政法人労働政策研究・研修機構 労使関係部門統括研究員）は指摘する。すなわち正規とは、「常勤」+「無期雇用」+「直接雇用」+「職務無限定」という要件をすべて満たす者であり、一方、これらの正規の諸要件の一つでも欠ければ、その労働者・公務員は非正規労働者・非正規公務員ということになる。すなわち非正規とは、「非常勤」or「有期雇用」or「間接雇用」(派遣、請負、委託)or「職務限定」のいずれかに該当する場合なのである。

そして自治体の場合、正規公務員とは、公務員という身分を付与=任官された者を指す。したがって、補職はされるが、身分を付与されていない非正規公務員は、メンバー外の者、同じ身分を擁しない者となる。

このように考えてくると、正規と非正規の区分は、身分差別という問題に突き当たる。身分差別が正規と非正規の間に格差を生じさせ、身分が異なることが格差を正当化し、社会全体で格差が是認されるという構造である。そして、格差を是認する方法は、問題を見ないこと、自分とは関係のないこととして壁の向こうに追いやり、認識しないことなのである。

非正規公務員とは「見えない存在」である。

二　非正規公務員をめぐる四つの偽装

公務職場に勤務する非正規公務員が抱えている問題群を、私はそこに「四つの偽装」があると整理して論じてきた。

第一は、偽装「非常勤」である。

北陸のある市の公民館に勤務し、地方公務員法一七条に規定する一般職非常勤職員として任用されている社会教育主事の週勤務時間は、常勤職員より一日三分、週で一五分短いだけである。大分県中津市で、地公法三条三項三号に規定する特別職非常勤職員として採用され、三三年間、勤続してきた学校司書の週勤務時間は、常勤職員の週勤務時間とまったく同じだった。常勤職員と同じ勤務時間で働く非常勤職員は「常勤的非常勤職員」といわれる。はたして彼女ら・彼らを非常勤職員と呼称してよいのか。本当は「常勤」の職員であり、「非常勤」とするのは偽装ではないのか。

第二は、偽装「非正規」である。

非正規公務員が急速に増加しているのは、代替型が拡大しているからである。代替型とは、従来、正規公務員が担ってきた同じ仕事を非正規公務員が引き継ぎ、そのまま担うということである。このため日本の公務職場のそこかしこで、クラス担任の非正規保育士や臨時教員、非正規の地域図書館館長が登場する。生活保護世帯の急増に正規職員のケースワーカーだけでは回らなくなり、多くの非正規公務員をケースワーカーとして任用し、権力的行政も担わせている。このような正規職員と同様の職務につき責任を有する彼女・彼らを「非正規」と呼ぶのは偽装ではないのか。本当は「正規」教員、「正規」職員ではないのか。

第三は、偽装「有期」である。

一時的でも臨時的でもない恒常的な業務には、本来であれば常勤で任期の定めのない正規職員を就けるべきことを公務員法は予定している。その恒常的で、本格的な業務に有期の非正規公務員をつけ、長年にわたり期間を更新し、突如として任期の更新を拒否することは、いざとなったら「解雇」しやすくするために、名目上、期間をつけたに過ぎず、それは偽装「有期」である。

そして第三の偽装は、第四の偽装へと発展する。偽装「雇止め」である。

民間の労働契約関係であれば、長年にわたり契約期間を更新し続けた後の雇止めは解雇とみなされ、それが不当であれば解雇に準ずる雇止めそのものが無効となる。しかしこのような法的保護は公務の有期任用職員である非正規公務員には適用されない。民間ならば解雇とみなされる雇止めが、公務世界では漫然と行われ法的な保護もない。つまり「雇止め」を装った解雇権の濫用なのである。

もはや正規と非正規の境界はあいまいで、非正規公務員は欠かすことのできない存在となっている。そして非正規公務員の多くは、基幹職員化しつつある。

そうだとすれば、今後はうまく活用していけばいい。非正規公務員の側もそれを望んでいる。むしろそうしなければ公共サービスの水準を維持することはできないのだが、そのためには安定した雇用と働きに見合った処遇が必要である。

三　非正規公務員はポピュリストなのか

近年、「非正規公務員はポピュリストになりやすい」という言説が流布している。

たとえば、藤田和恵氏（ジャーナリスト、元北海道新聞記者）は、『ルポ労働格差とポピュリズム――大阪で起きていること』（岩波ブックレット、二〇一三年六月）で、「正規公務員のせいで理不尽な格差を強いられていると感じる公務非正規の働き手にとっては、公務員を叩く橋下市長が「救世主」に見えるのだろうか。」「『敵（公務員）の敵（橋下市長）は味方』『官製ワーキングプア』が橋下市長に心酔する背景には、多かれ少なかれ、こうした心情があった」と記す。

この「非正規公務員はポピュリストになりやすい」という見方は「神話」である。なぜなら橋下支持者は、所得が高い層であり、非正規労働者を含む低所得者層の支持は相対的に低いという分析結果が出されている。野田遊氏（愛知大学教授）が二〇一一年の大阪市長選挙の際に実施したインターネットサンプル調査の結果によると、橋下支持者については、以下の事実が浮き彫りになった。

・年収：一〇〇〇万円以上七〇％／二〇〇万円未満五二・四六％
・職業：自営業五八・四九％／会社員五八・七五％／パート・バイト五六・七七％
・年代：六〇代以降三二・一％／三〇代二七・二％／二〇代二五・二％
・学歴：大卒五八・三五％／非大卒五五・七七％

さらに松谷満氏（中京大学准教授）が『世界』二〇一一年四月に掲載した「ポピュリズムの台頭とその源泉」によれば、六〇歳以下の男性における「橋下に対する強い支持」と「弱い支持」を合わせた数値は、「管理職層」が八四％、「正規雇用層」が九〇％だったのに対し、「非正規雇用・無職層」では七六％だった。

これらの結果に従えば、ポピュリズムに陥っているのは、所得が高く、正規雇用で、一定以上の学歴がある人たちということになる。非正規労働者の多くはここに当てはまらない。

おそらく正社員・正規公務員の方が新自由主義や競争主義を信奉し、橋下的なポピュリズムに陥りやすい。それは、競争を勝ち抜いて正規になったという自負があるからだ。そのような自負心を持つ正規は、非正規に対して、努力が足りないから正規になれないと考えている。一方で、非正規の側も同じ考えを共有していて、それは若い世代ほどより強い。非正規の彼女ら彼らは、自分が非正規にとどまっているのは、自分の努力が足りないからだと思っている。本当は本人の努力が足りないから浮上できないわけではないのだが、現実に浮上できない状況が続くと、ポピュリストになって鬱憤を外に向かって解き放てばいいものをそうならず、自らに抱え込み、結果的に行き着くのは「自尊感情の剥奪」である。東京のある市で、五年間、生活相談員として勤務してきた非正規の彼女は、「非正規であり続けることで自分が持っている能力を発揮できなくなる。与えられた条件の中でしか能力を発揮できなくなる」と打ち明けてくれた。つまり、非正規労働者・非正規公務員も新自由主義的な考え方を内部に取り込み、自らを追い込み、自尊感情を失ってしまっているのである。

それでも「非正規公務員はポピュリストになりやすい」という神話が流布するのは、正規公務員側に自らの地位を脅かす存在になった非正規に対する「恐怖心」があるからではないだろうか。

第5章　非正規公務員と間接差別

同一価値労働に対する男女同一報酬の原則を定めるＩＬＯ条約第一〇〇号が一九五一年に採択され、一九五七年の欧州経済共同体（ＥＥＣ）の設立条約に同一労働同一賃金の規定が置かれるなど早くから国際労働基準が設けられ、各国で同様の法規が定められている。

日本では、早くも一九四七年に労基法四条で「男女同一賃金の原則」が定められた。

だが、今日なお、男女間に賃金格差が存在する。

男女間賃金格差は、性別に着目し男女で異なる取り扱いをする「直接差別」に対し、一見、性別に関係のない取り扱いであっても、運用した結果、男女のどちらかの性に不利益が生じる場合があり、これは間接差別といわれる。その代表例としては、総合職・一般職というコース別人事、男性職・女性職という職種別人事のほか、正規・非正規という雇用形態別による処遇格差があげられよう。

日本の男女間賃金格差は国際的には大きい部類に入る。格差の要因は、同一価値労働同一賃金原則を逸脱した間接差別的な人事運用にあることがさまざまな国際機関から指摘されている。

二〇一二年四月、経済協力開発機構（ＯＥＣＤ）は『日本再生のための政策』という報告書を取りまとめ、「日本における男女間の賃金格差は、ＯＥＣＤ諸国の中で二番目に大きい。（中略）女性の正規労働者数は男性のそれより少なく、低賃金の非正規労働者の七〇％程度は女性である。正規雇用において、女性は管理職への昇進につながる職種（総合職）よりもサポートや事務的な職種（一般職）に就くことが多い。目に見えない『ガラスの天井』が、女性の管理職への出世を阻んでいる」と指摘した。

これに先立ち、二〇〇八年三月、国際労働機関（ＩＬＯ）条約勧告適用専門家委員会は、日本の間接差別の状況を厳しく指摘し、「本委員会は、男女同一価値労働同一報酬原則は、男女が行う職務または労働を、技能、努力、責任、あるいは労働条件といった客観的要素に基づいて比較することを必ず伴う点を強調したい。（中略）したがって本委員会は日本政府に対して、男女同一価値労働同一報酬原則を規定するために法改正の措置」を取るよう求めるとした。これに続き、二〇〇九年六月の国連女子差別撤廃委員会の最終見解においては、「職種の違いやコース別雇用管理制度に現れるような水平的・垂直的な雇用分離から生じている男女間の賃金格差の存在」に対して懸念が表明され、「労働市場における男女の事実上の機会均等の実現を促進する努力を特に条約四条1に沿った暫定的特別措置を用いて増すこと」[1]、「教育、訓練、効果的な強制メカニズム、進捗状況の体系的監視を通じて、水平的垂直的な職務分離を撤廃するための取組がなされること」等が勧告された。

日本の一般労働者（短時間労働者以外の労働者）の男女間賃金格差は、二〇一四年賃金構造基本調査によると、男性の賃金を一〇〇とすると女性の賃金は七二・二で、比較可能な一九七六年の調査以来、過去最小となったものの、なお約三割の格差がある。この三割の格差の要因は、平均勤続年数や管理職比率に男女間で差異があることが主な要因であると厚生労働省は分析している。ところが、後に述べるように、雇用形態が異なることによる賃金格差は、一般労働者の男女間賃金格差である約三割をはるかに超える。そして、派遣労働者やパートタイムなどの非正規労働者の約七割は女性が占める。

これは、さまざまな国際機関が指摘している雇用形態の差異を装った男女間賃金の間接差別である。では、公務員は、どうなのだろう。

日本の公務員の賃金は、民間労働者の格差状況に比して、相対的には男女間格差が少ないといわれる。実際、入手しうる直近のデータ（二〇一三年）では、男性正規地方公務員（全職種）一〇〇に対し、女性正規地方公務員（全職種）の賃金水準は九一・七で、民間の一般労働者より格差の度合いは小さい。しかし、「日本の公務員の賃金は、相対的には男女間格差が少ない」という認識は、正規公務員・非正規公務員という雇用形態の差異を隠れ蓑とした、公務における男女間賃金の間接差別を見落としている。

一　地方公務員の非正規化の現状
——総務省「臨時・非常勤職員に関する調査」二〇一二より

地方自治体では非正規公務員が急速に増加している。その数は、総務省調査二〇一二で六〇万三五八二人である。総務省調査二〇〇八では四九万九三〇二人なので、四年間で一〇万四二八〇人、約二〇％の増加であった。しかも、六〇万人超の非正規公務員のうち七四・二％にあたる四四万八〇七二人は女性である。

また、二〇一二年六月一日を基準日として実施した全日本自治団体労働組合（自治労）の調査でも、その四年前の二〇〇八調査と比較して一〇万人増加し推定七〇万人となり、地方自治体で働く職員のうち「三人に一人」は非正規公務員であるとした。自治労調査は、主に一般行政職部門と公営企業等会計部門を対象としており、二〇一二年四月一日現在の両部門の正規地方公務員数は一二七万九二一六人（総務省「平成二四年地方公共団体定員管理調査結果」）であるから、両部門における非正規化率は約三五％となり、「三人に一人」という表現は妥当なものといえる。

民間の非正規労働者の状況は、二〇〇八年四〜六月平均が一七三六万人、二〇一二年四〜六月平均が一七七五万人なので、四年間で三九万人、約二％増であった（総務省統計局「平成二四年労働力調査年報」）。これと比較すると、この四年間の地方公務員の非正規化は、民間労働者の非正規化の一〇倍の速度である。そして民間労働者における非正規化率は、二〇一二年四〜六月平均で三四・五％なので、地方公務員の非正規比率はほぼ「民間並」になったことになる。さらに民間の一七七五万人の非正規労働者のうち一二二一万人が女性で、女性割合は六八・八％なので、この点では地方自治体の非正規公務員の女性割合の方が高い。

二　増加する女性非正規公務員

総務省の「臨時・非常勤職員に関する調査」は、自治体階層（都道府県・市区町村等）別、職種別、採用の種類（特別職非常勤職員〈地公法三条三項三号〉、一般職非常勤職員〈地公法一七条〉、臨時職員〈地公法二二条〉）ごとに、男女別の人員を明らかにしている。

一方、常勤の正規公務員に関しては、毎年、定員管理調査や給与実態調査が実施されているものの、男女別データに関しては、五年に一度の指定統計調査に該当する年に限って、給与実態調査の中で調査対象としており、直近のデータで、臨時・非常勤職員調査と比較検討できるのは、二〇〇八年の総務省「平成二〇年四月一日現在　地方公務員給与実態調査結果」ということになる。

図表5―1は、二〇〇八年の二つの調査から筆者が作成した非正規公務員と正規公務員の女性割合比較（二〇〇八年四月一日現在）である。

どの職種をみても、非正規公務員の女性構成割合は正規公務員の女性構成割合を上回る。常勤の正規公務員で最も女性の構成割合が高いのは看護師等の九六・三％、次が保育士等で九二・九％、三番目が給食調理員の八一・二％で、これらは典型的な女性職種といえよう。正規公務員の人員が最も多い職種は、一般事務職員・技術職員の八八万二六九七人であるが、女性正規公務員は二五・六％で、四人に一人に過ぎない。全体として女性の正規公務員数の割合は三七・三％である。

非正規公務員に関しては、最も女性の構成割合が高い職種は看護師等で九七・八％、次が給食調理員で九七・七％、三番目が保育士等で九五・七％となっており、正規公務員と同様の傾向を示す。しかし、最も職種別で非正規公務員数が多い一般事務職員の女性構成割合は八〇・八％で、正規公務員とは反対の傾向を示す。そして女性非正規公務員の割合は全体で七四・二％である。

第2章で、非正規公務員の増加の背景には、常勤職員の定員削減と人件費抑制があり、このため非正

図表5－1　非正規公務員と正規公務員の女性割合比較（2008年4月1日現在）

区分	非正規公務員（人）			%	正規公務員（人）			%
	合計	女性	男性	女性割合	合計	女性	男性	女性割合
一般事務職員	119,810	96,802	23,008	80.8	882,697	226,277	656,420	25.6
技術職員	7,388	2,871	4,517	38.9				
医師	9,335	2,493	6,842	26.7	16,797	2,561	14,236	15.2
医療技術員	8,637	7,667	970	88.8	48,085	27,992	20,093	58.2
看護師等	23,477	22,970	507	97.8	119,857	115,462	4,395	96.3
保育士等	89,563	85,755	3,808	95,7	113,778	105,645	8,133	92.9
給食調理員	37,305	36,440	865	97.7	29,902	24,278	5,624	81.2
技能労務職員	54,018	22,401	31,617	41.5	132,938	35,622	97,316	26.8
教員・講師	57,327	39,359	17,968	68.7	871,909	432,700	439,209	49.6
その他	92,442	53,553	38,889	57.9	685,058	111,102	573,956	16.2
合計	499,302	370,311	128,991	74.2	2,901,021	1,081,639	1,819,382	37.3

出典）非正規公務員については、総務省「臨時・非常勤職員に関する調査結果について（全地方公共団体分）」（平成20年4月1日現在）、正規公務員については、総務省「平成20年4月1日地方公務員給与実態調査結果」より筆者が作成。

注）職種区分は非正規公務員調査の区分に合わせた。ただし、技術職員に係る人員数は、非正規公務員にはあるものの、正規公務員については当該職種が抽出されていない。

規公務員への置き換えが進められてきたと指摘したが、置き換えは、どの職種をとっても、女性の非正規公務員への代替という形で進行した。しかも正規公務員における職種別の男女構成割合をそのまま反映しつつ（つまり、正規公務員で女性の割合が高い職種は、非正規公務員でも高い）、一般事務職や技能労務職のような「男性職場」の色合いの強い職種でも、圧倒的な割合で女性非正規公務員が配置されてきた。

三　女性非正規公務員と間接差別

男女間の賃金格差に関して、男女間における昇進格差や職種間格差という要因と、正規・非正規という雇用形態という要因では、いずれが強く影響しているのだろうか。

図表５―２は男女間および正規・非正規間の賃金格差の状況を、二〇〇八年について見たものである(2)。検討の対象とした年を二〇〇八年としたのは、先述の通り、正規の地方公務員の男女別に係るデータで、総務省の臨時・非常勤職員調査と比較できるのは、二〇〇八年の給与実態調査が直近のものであるという理由による。

図表５―２は、厚生労働省の賃金構造基本調査二〇〇八年版から、民間労働者に係る男女間および正規・非正規間の賃金格差の状況、図表５―３は、地方公務員における男女間および正規・非正規間の賃金格差の状況である。

民間労働者における男女間の賃金格差の状況は、一時間当たり賃金で比較すると、フルタイムの正社

図表５－２　民間労働者　男女間および正規・非正規間の賃金格差の状況：2008年

単位：円、％

民間労働者		フルタイム（一般労働者）		パートタイム（短時間労働者）	正社員・非正社員間賃金格差	
		正社員（A）	非正社員（B）	非正規（C）	B／A	C／A
１時間当たり賃金	男性	2,216	1,438	1,071	64.9	48.3
	女性	1,565	1,094	975	69.9	62.3
男女間賃金格差（男性＝100）		70.6	76.1	91.0		

注１）2008年の民間の男性正社員の所定内賃金は345,300円、女性正社員の所定内賃金は243,900円、フルタイムの男性非正社員の所定内賃金は224,000円、フルタイムの女性非正社員は170,500円（厚生労働省「平成20年賃金構造基本調査」）。これらを2008年の民間の月間所定内労働時間である155.8時間（厚生労働省「毎月勤労統計調査平成20年分結果確報」）で除して、１時間当たりの賃金を求めた。

注２）民間のパートタイムの１時間当たり賃金は厚生労働省「平成20年賃金構造基本調査」第13表を参照した。

員間では男性正社員一〇〇に対し女性正社員は七〇・六で、約三〇ポイントの格差がある。フルタイムの非正社員（契約社員や派遣社員を含むフルタイムで働く有期雇用労働者）間の男女間格差では七六・一と若干緩和され、パートタイムの男女間格差は九一・〇となり、正社員ほどには男女間格差が生じていない。

正規・非正規間格差はどうだろうか。男性では、男性正社員を一〇〇とするとフルタイムの非正社員が六四・九、パートタイムが四八・三で、正社員の男女間の賃金格差七〇・六よりも格差の度合いは拡大する。また、女性正社員を一〇〇とするとフルタイムの女性非正社員が六九・九、パートタイムが六二・三で、やはり正社員における男女間格差よりも、格差の度合いは大きい。

つまり、日本の民間労働者の賃金格差は、男女間格差の要因もあるが、正規・非正規という

図表５－３　地方公務員　男女間および正規・非正規間の賃金格差の状況：2008年

単位：円、％

地方公務員		フルタイム		パートタイム	正規・非正規間賃金格差	
		正規（A）	臨時職員（B）	非常勤職員（C）	B／A	C／A
1時間当たり賃金	男性	2,384	808	1,168	33.9	49.0
	女性	2,054			39.3	56.9
男女間賃金格差（男性＝100）		86.2				

注１）正規公務員の１時間当たり賃金については、総務省「平成20年４月１日地方公務員給与実態調査結果」の一般行政職の男女別の平均基本給月額（給料＋扶養手当＋地域手当）を12倍し、これを2008年の年間官庁執務日数である243日と当時の１日の所定内勤務時間である８時間で除して計算した。

注２）地方公務員の臨時職員、非常勤職員の賃金額は、総務省「臨時・非常勤職員に関する調査結果について（平成20年４月１日現在）」の市区町村分のデータを使用。なお、非常勤職員は特別職非常勤職員のデータを使用。

雇用形態間格差の方が、強く影響している。地方公務員も同じ傾向にある。図表５―３は、地方公務員における男女間および正規・非正規間の賃金格差の状況を二〇〇八年で見たものである。

正規の地方公務員の男女間の賃金格差の状況は、一時間当たり賃金では、男性一般行政職の正規地方公務員を一〇〇とすると、女性一般行政職の正規地方公務員は八六・二であり、民間の正社員の男女間賃金より格差の度合いは小さい。それでも一三・八ポイントの格差がある。臨時職員、非常勤職員内の男女間賃金格差を示すデータはないので、ここでは検討を省く。臨時職員はフルタイム勤務の者が多いので、図表５―３では、フルタイムの非正規として分類した。

地方公務員における正規・非正規間の賃金格差は、男性の正規公務員を一〇〇とすると、臨時職員が三三・九で約三分の一、非常勤職員は四九・〇で約二分の一程度となる。女性の正規公務員を一〇〇として賃金格差を計算すると、臨時職員が三九・三で約四割の水準、非常勤職員が五六・九で約六割の水準となる。

すなわち、地方公務員における賃金格差に関しても、男女間のそれもあるが、正規・非正規間格差の方が要因としては強く、さらに正規・非正規間格差の度合いは、民間労働者の正規・非正規間格差よりも強い度合いで影響している。

四　職務評価による測定——町田市立図書館の事例より

男女間賃金格差の状況は、フルタイムの正規公務員の男女間比較では、民間労働者における男女間賃金格差（約三割）よりも縮小し、約一四ポイント程度である。だが、正規・非正規間に着目してみると、民間労働者における非正規労働者の賃金水準が正規労働者の三～五割程度低い水準であるのに対し、地方公務員の非正規公務員の賃金水準は、正規公務員の四～七割程度の水準で、民間労働者における正規・非正規間格差よりもその度合いは強い。

だが、この格差が不合理なもので、非正規公務員に支給されている賃金が差別的な賃金水準であるというには、正規公務員と非正規公務員がそれぞれ担っている仕事と、支払われている賃金を比較し、それぞれの賃金が仕事の価値に見合ったものなのかどうかを検証する必要がある。それぞれの仕事の価値に見合った賃金を支払われているのであれば、正規・非正規間の賃金水準の格差は合理的なものだが、同じ価値の仕事をしているにもかかわらず支払い賃金に格差が生じているとなると、不合理な正規・非正規間格差となる。

そして格差が正規・非正規という雇用形態の差異によって生じているのであれば、その差異は間接差別の重要な要因だといえるだろう。

上記の点を検証するために、以下、町田市立図書館に勤務する正規職員と非常勤職員（嘱託員）を対象に実施された職務評価調査を紹介する。

(一) 町田市立図書館における職務評価調査

職務評価に関する調査は二〇一二年一～二月にかけて町田市の図書館の正規職員と嘱託員に対して行われた。調査票の設計などは、図書館職員の勉強会である自治労東京都本部図書館職場交流会図書館業務分析プロジェクトチームが中心となった。

町田市立図書館の嘱託員制度は一九九八年一二月に導入されたものである。

町田市立図書館の定員配分は、二〇〇七年一一月の町田市定員適正化プランにより、正規職員数が二〇〇六年度の配置数八六人を基点にすると四年間で三一人、三六％削減され、二〇一一年四月に五五人の配置となったが、嘱託員はこれに代替するように大量採用されるようになり、二〇〇七年度の嘱託員配置数五四人が二〇一一年四月には九四人となり、四年間で四〇人の増員だった。嘱託員の勤務時間数は正規職員の四分の三程度であるから、正規職員削減数をほぼ代替することになった。

これに伴い、嘱託員の業務範囲も大幅に拡大した。制度導入当時の一九九九年からしばらくの間は、町田市図書館嘱託員設置要綱において、その職務内容は「資料の貸出し、返却等のカウンター業務、資料の配架、整理業務等で、正規職員が行うべき判断を要する業務を除く図書館業務」（傍点筆者）と規定され、具体的な業務も、非専門的、補助的かつ正規職員の応援業務が想定されていた。

しかし、二〇〇四年からは児童カウンター業務のローテーションに加わり、二〇〇六年からはレファレンス・カウンターでもローテーション入りした。二〇一〇年度のレファレンス・カウンターの担当は、正規職員三：嘱託員四と数の上では逆転している。

二〇一〇年一〇月段階の正規職員・嘱託員の業務範囲は図表5―4に示す通りで、この間、嘱託員の業務範囲は拡大し、正規職員とほぼ同等の仕事を担っている。

(二) 職務評価の実施

職務評価は、①職務評価対象の職務の分類と職務内容の分析、②職務評価システム（職務評価ファクターとウエイト）の策定、③職務評価の実施、④職務評価点に基づく是正された賃金額の算出という手順で行われた。具体的には、まず図書館職員の職務内容を分析し、職務内容を「一定の質と量」を持つ一五の職務項目に分類した。次に、職務項目を評価するファクターが定められた。町田市立図書館の調査では、負担、知識・技能、責任、労働環境の四つのファクターを用いて評価することとし、それぞれのサブファクターと評価のウエイトを定めた（図表5―5）。

そして職務評価の実施段階では、①ひとつひとつの「職務」、②「仕事全般」について、町田市立図書館に勤務する正規職員、嘱託員それぞれが個々に評価する方法をとり、自記式の「図書館業務の職務

図表5－4　町田市立図書館の嘱託員の業務範囲の拡大

	2002年4月現在		2010年10月現在	
	正規	嘱託	正規	嘱託
リクエスト（入力、入力チェック）	○	○	○	○
リクエスト（判断を要する確認）	△[*1]	×	△[*1]	△[*1*5]
利用者登録・変更訂正（入力）	○	○	○	○
利用者登録・変更訂正（確認）	○	×	○	○
レファレンス	○	△[*2]	○	△[*5]
選書	△[*3]	×	△[*3]	△[*5]
発注	△[*3]	×	△[*3]	△[*5]
発注・登録（選定会議）			△[*6]	△[*6]
発注作業	○	○		
除籍（判断）	△[*4]	×	○	○
除籍（決定）	△[*4]	×	△[*4]	△[*5]
館内会議への参加	○	×	○	○

＊1　リクエスト担当、選定委員及びその経験者又はこれに準ずる職員に限定
＊2　軽易なものに限定する。
＊3　選定委員（広義には選定に関わっている職員）
＊4　一般図書については、「町田市立図書館一般図書除籍（除架）の目安」（2002年2月28日館内会議決定）に従う。その他の分野（レファレンス、地域資料、ハンディキャップ、児童図書研究、外国語、児童、雑誌）については、その分野の担当者が行う。
＊5　経験及び能力によって判断する。
＊6　原則管理担当の正規職員、嘱託員に限定する。

評価ファクターチェックシート」に記入する方法で行われた。

(三) 職務評価結果

職務分類された一五の職務ごとの職務評価点を一覧にしたのが、図表5―6である。

正規職員で職務評価点が高いのは「読書案内・レファレンス」七三八・八点、「予約・リクエスト・相互貸借」七〇九・一点、「館内庶務」六八〇・〇点、「カウンター業務」六七〇・五点、「契約・発注・検収」六六一・七点の順である。同様に嘱託員では「読書案内・レファレンス」六七八・〇点、「カウンター業務」六六九・八点、

図表5－5　図書館職員の職務評価における職務ファクターとウエイト

ファクター	ウエイト(%)	評価レベルと得点				最高得点 計1,000
(1)　仕事によってもたらされる負担	30.0	レベル1	レベル2	レベル3		300
1.　身体的負担	12.0	40	80	120	120	
2.　精神的負担	10.0	30	60	100	100	
3.　感情的負担	8.0	30	60	80	80	
(2)　知識・技能	40.0	レベル1	レベル2	レベル3	レベル4	400
4.　仕事関連の知識	16.0	60	90	120	160	160
5.　コミュニケーションの技能	8.0	20	50	80	80	
6.　仕事の手際や機器の操作についての技能	8.0	20	40	60	80	80
7.　問題解決力	8.0	20	50	80	80	
(3)　責任	25.0	レベル1	レベル2	レベル3		250
8.　利用者に対する責任	15.0	50	100	150		150
9.　資料・サービスの実施に対する責任	10.0	20	60	100		100
(4)　労働環境	5.0	レベル1	レベル2	レベル3		50
10.　労働環境の不快さや危険度	5.0	10	30	50		50

「移動図書館」六四七・一点、「こども・ヤングアダルトサービス」六二五・四点、「資料選択」六二二・七点であった。

上記の職務評価点を正規職員と嘱託員ごとに加重平均し、それぞれの時給換算額と対照させたのが、図表5―7の評価点と時給である。

正規職員と嘱託員が、ほぼ同様の仕事をしている町田市立図書館では、正規職員が担っている職務の評価点は六一一・二点、仕事全般の職務評価点は七〇二・七点なのに対し、嘱託員が担っている職務の評価点は五八四・九点、仕事全般の職務評価点は六七四・八点で、ほぼ拮抗している。これを正規職員の職務評価点を一〇〇とし

図表５－６　職務項目と職務評価点

職務項目	職務評価点	
	正規職員	嘱託員
1. 館内庶務	③ 680.0	560.0
2. 資料選択	626.4	⑤ 622.7
3. 契約・発注・検収	⑤ 661.7	588.6
4. 受入・分類・目録作成	578.0	534.2
5. 装備・修理	426.7	435.9
6. 配架	518.3	475.8
7. 弁償・督促の処理	620.6	594.0
8. 除籍・リサイクル	616.0	603.9
9. カウンター業務	④ 670.5	② 669.8
10. 読書案内・レファレンス	① 738.8	① 678.0
11. 予約・リクエスト・相互貸借	② 709.1	587.6
12. こども・ヤングアダルトサービス	650.0	④ 625.4
13. 障害者向け資料作成・提供、対面朗読	550.0	548.1
14. 行事	577.8	602.1
15. 移動図書館	544.0	③ 647.1
仕事全般	702.7	674.8

図表５－７　評価点と時給

	1. 職務評価点（職務項目の平均）	2.「仕事全般」の職務評価点
	正規職員＝100	正規職員＝100
正規職員	611.2	702.7
	100.0	100.0
嘱託員	584.9	674.8
	95.7	96.0

	月収換算の時給	年収換算の時給
	正規職員＝100	正規職員＝100
正規職員	2,781.5	3,697.1
	100.0	100.0
嘱託員	1,548.4	1,548.4
	55.7	41.9

て換算すると、次のようになる。

職務評価点	正規職員：嘱託員＝一〇〇：九五・七
仕事全般評価点	正規職員：嘱託員＝一〇〇：九六・〇

ところが、月収換算の時給と年収換算の時給を、正規職員に支払われる月収と年収を一〇〇として、嘱託員の月収ならびに年収と比較してみると、次のようになる。

年収換算時給	正規職員：嘱託員＝一〇〇：四一・九
月収換算時給	正規職員：嘱託員＝一〇〇：五五・七

同一価値労働同一賃金原則においては、国際労働機関（ＩＬＯ）条約勧告適用専門家委員会が指摘するように「職務または労働を、技能、努力、責任、あるいは労働条件といった客観的要素に基づいて比較すること」になる。そして、それぞれの職務の価値に見合った賃金が支払われているのであれば賃金水準の格差は合理的なものだが、同じ価値の職務をしているにもかかわらず支払い賃金に格差が生じているとなると、それは不合理な格差となる。

町田市立図書館で行われた職務評価結果では、正規職員と嘱託員それぞれが担う職務の価値がほぼ同等であるにもかかわらず、支払われる賃金に四～六割の格差が生じている。これは、正規・非正規という雇用形態の差異によって生じている不合理な格差である。

民間労働者における正規・非正規間の賃金格差問題が争われた丸子警報器事件（長野地上田支判平八・三・一五、労判六九〇号三二頁）では、女性正社員と女性臨時社員（いわゆる擬似パート）が、就業の実態がまったく同じであるのに、賃金に著しい格差があるのは公序良俗に違反するとして、女性正社員の賃金の八割との差額について損害賠償を認めた。この裁判例からすると、同じ仕事をしている正規・非正規格差が二割を超えると、民法九〇条の公序良俗違反となる。

町田市立図書館の状況は特殊ではない。むしろ同図書館では格差を埋めようと努力している。問題は、このような不合理な正規・非正規間格差が、漫然と全国の公務職場で展開されているということである。

地公法一三条は、「すべて国民は、この法律の適用について、平等に取り扱われなければならず、人種、信条、性別、社会的身分若しくは門地によつて（中略）、差別されてはならない」と定める。

女性非正規公務員に関しては、上記の条文の趣旨は活かされていない。

二〇一五年八月には「女性の職業生活における活躍の推進に関する法律」が制定された。同法では、地方公共団体（都道府県、市町村）に対し、三〇〇人以上の労働者を雇用する民間事業者と同様に、「事業主行動計画」の策定を義務付けた。先に指摘したように、地方自治体に勤務する職員の三人に一人は非正規公務員で、そのうち四分の三は女性である。地方自治体が策定する「事業主行動計画」で、彼女たちをどのように扱うのか。地方自治体の事業主としての責任が問われている。

（1）女子に対するあらゆる形態の差別の撤廃に関する条約四条1「締約国が男女の事実上の平等を促進す

ることを目的とする暫定的な特別措置をとることは、この条約に定義する差別と解してはならない。ただし、その結果としていかなる意味においても不平等な又は別個の基準を維持し続けることとなってはならず、これらの措置は、機会及び待遇の平等の目的が達成された時に廃止されなければならない」。

（2）図表5―2は、森ます美「非正規労働者の公正な賃金――非正規労働政策と関わって」『（昭和女子大学）学苑・人間社会学紀要』No.八六八（二〇一三・二）に掲載されている表一より示唆を受けたものである。謝してここに記す。

第二部　歴史の中の非正規公務員

第6章　常勤的非常勤職員の正規職員化

――一九六〇年前後の定員・定数化措置

国会審議の中で、非正規公務員の処遇等をめぐって厳しい質問が発せられ、政府委員として答弁に立った公務員部長は次のように応じた。

「本来ならば常勤的職員として採用しなければならない者を、採用期限を区切りまして、何度もそれを更新することによって、名目は臨時職員であるが、実態は常勤職員である。そういうふうな不合理が出て参ったのでございます。その点を今度は何とか改正しなければならないということで、名目は臨時であるが、実態は常勤だと思われる者については定数内に入れるべきだ、こういう考え方にわれわれも立っておるわけでございます。（中略）現在定数外職員に置かれておる人が従事している職務と同じ状態の者が定数内にある場合、これはどう考えても定数内に入れるべきだということになるだろうと思います。そういうふうな見地に立って検討いたして参りますと、いわゆる臨時職員といわれて現在定数外に置かれている職員の大部分は、本来ならば定数内の職員として処遇すべきではないか、こういうふうな結論になるのではないかというふうに考えております。具体的にどの職というふうに押えるとなりますと、端的に申し上げますと、地方公共団体にある職のほとんどすべてにわたり、いわゆる臨時職員がおるわけでございますから、ほとんど大部分が本来ならば定数内職員として処遇すべきものだ、こういうことになると思います。」

右記の国会質疑はフィクションではない。一九六一年三月二四日の衆議院地方行政委員会の議事録からの引用である。政府委員として答弁しているのは公務員部長（当時）の今枝信雄氏である。

今から半世紀も前に、自治省公務員部長が、「名目は臨時職員だが実態は常勤職員」である不合理な状況を変えるため、定数外職員の定数化すなわち正規職員化の方向性を打ち出したこと、それも「ほとんど大部分が本来ならば定数内職員として処遇すべきもの」だとの認識を示していた。

非正規公務員問題は戦後の地方公務員制度が整備されてきた時期から存在していた。一九六〇年代の正規化措置により、一旦は解決されたかのように思われたが、その後も、地方自治体の非正規公務員は徐々に増加し、二〇〇〇年代に入ると、正規公務員の定員削減の代替、より安価な労働力への切り替え、増大する行政需要への対処の必要性などの要因により爆発的に増加し、公共サービス提供の基幹労働力となった。

非正規公務員問題は、公務員制度の歴史の中で、どのようなものとして位置づけられてきたのだろうか。

一　嘱託員は私法上の雇用契約——明治憲法下の自治制度と地方公務員制度

明治憲法下の地方自治制度は、東京都制（昭一八法八九）、府県制（明三二法六四）、市制（明四四法六八）および町村制（明四四法六九）によって定められ、それぞれの地方の政府機関に都吏員、府県吏員、市吏員、町村吏員の設置についての規程が設けられていた。

吏員は都道府県または市町村に対して公法上の勤務関係に立つものとされていたが、これら吏員とは別に、身分的に区別された存在として、雇員、傭人、嘱託といわれる職員がおり、これら雇員、傭人、嘱託は、私法上の雇用契約によって都道府県または市町村に雇用されるものとして取り扱われていた。

吏員と雇員・傭人・嘱託の区別は、行政裁判所の判例は、採用の形式によるべきとし、任命の形式によって採用されるものが吏員であるという見解をとっていた。

吏員の任用の形態は、吏員に「任」ぜられること〈任官〉と、職に就くことを「命」ぜられること〈補職〉は別個の概念で、すなわち「任」と「命」による「任官補職」という制度の下にあり、吏員という身分に対して無定量の義務を負うものとされてきた。すなわち「任命」とは、「任官補職」時代の概念なのである。

一方、雇員、傭人、嘱託は任命行為にかからないので、私法上の雇用契約であるとされた。雇員と傭人の区別は、前者が官吏の補佐として事務を担当し、四年以上勤務すると吏員の中で最も低い身分である判任官に任ぜられるとしていたのに対し、後者は主に肉体労働的な職に従事するというもので、今日の技能労務職にあたるものであった。また嘱託は、吏員の定員不足を補う場合や、任用・給与上適切に採用しがたい人材を採用する場合、本人の希望によって吏員として採用しないことにしたい人に吏員としての勤務をさせる場合などに採用された、というものであった。

このように明治憲法下の公務員の任用は、吏員は任命による公法上の勤務関係、雇員等は私法上の雇用契約というのが一般的な理解で、今日のように、地方自治体にいるものをすべて統一的に「地方公務員」とするという観念はなかった。

全国都市問題会議が実施した「市吏員に関する調査」[1]（図表6—1参照）によると、一九三九年一二月末時点で、東京市、大阪市、京都市、名古屋市、神戸市、横浜市の六大都市では、吏員一万八七九一人（事務吏員一万三〇九七人、技術吏員五六九四人）に対し、雇員一万四九一二人、嘱託員一八二〇人で合計三万五五二三人、構成割合は吏員五三%に対し、雇員四二%、嘱託員五%であった。また六大都市以外の一五七市では、吏員一万三四四五人（事務吏員一万〇五一八人、技術吏員二九二七人）に対し、雇員六五八七人、嘱託員八七六人で合計二万〇九〇八人、構成割合は吏員六四%に対し、雇員三二%、嘱託員四%であった。全市では、吏員三万二二三六人（事務吏員二万三六一五人、技術吏員八六二一人）、雇員二万一四九九人、嘱託員二六九六人で、その構成割合は吏員が五七%に対し、雇員三八%、嘱託員五%である。すでにこの時点で、雇用契約である雇員、嘱託員が四三%を占めていたが、東京市では吏員と雇員・嘱託員の構成割合は、五対五という状況であった。

市町村全体の吏員ならびにその他の職員（雇員、傭人、嘱託）に関しては、一九四一年一月一日現在、図表6—2に示すような状況で、「全国の市町村職員は既に三〇万人以上の多きに達し其の中正規の市

図表6－1　吏員・雇員・嘱託員の現員と構成割合（1939年12月末現在）

		実人員　単位：人					構成割合　単位：%			
		事務吏員	技術吏員	雇員	嘱託員	計	事務吏員	技術吏員	雇員	嘱託員
六大都市	東京市	6,402	2,320	7,659	1,094	17,475	37%	13%	44%	6%
	大阪市	3,033	1,527	4,066	234	8,860	34%	17%	46%	3%
	名古屋市	1,003	501	418	1	1,923	52%	26%	22%	0%
	京都市	452	456	930	216	2,054	22%	22%	45%	11%
	神戸市	1,146	588	666	138	2,538	45%	23%	26%	5%
	横浜市	1,061	302	1,173	137	2,673	40%	11%	44%	5%
	計	13,097	5,694	14,912	1,820	35,523	37%	16%	42%	5%
六大市を除く市										
	計	10,518	2,927	6,587	876	20,908	50%	14%	32%	4%
全市										
	合計	23,615	8,621	21,499	2,696	56,431	42%	15%	38%	5%

出典）全国都市問題会議「市吏員に関する調査（全国都市問題会議会報特別号、第7回総会文献5参考資料）」（全国都市問題会議事務局、1940年10月）統計表のうち各市別表の吏員現員表より筆者が作成。

図表6－2　市町村の吏員とその他の職員（1941年1月1日現在）

	町村	市	計
吏員	97,716	45,999	143,715
その他の職員	43,476	123,750	167,226

出典）江口俊男『府県市町村吏員』良書普及会、地方行政全書、1943年、11頁。

町村吏員たる者は概ね一五万人以上であり残りが前記の雇傭員・嘱託等であって正規の吏員とは適用法令を異にする」ものであった[2]。

また府県に関しても、当時、府県官吏、府県吏員・地方待遇職員[3]のほか「府県費をもってする嘱託、雇員、傭人」があり、「此等は吏員と共に実質的には府県の職員なるも形式的には吏員と区別さるべきもので民法上の契約による一定の勤務義務を負う」ものとされ、一九四三年時点で、「府県費の雇傭人数は一万四千人、同じく地方費の嘱託は四千人という数字に上っていた[4]」。

二　地公法制定前の地方公務員制度
——雇員等の私法上の雇用契約関係の継続

一九四五年の敗戦後、翌一九四六年四月一日を期して、官吏制度の改革が行われる。同日公布、施行した「各庁職員通則」（勅令第一八九号）、「官吏任用叙級令」（勅令第一九〇号）及び「官吏俸給令」（勅令一九二号）により、一部の特殊な官を除いて官の種類を事務官、技官、教官の三種に統合するとともに、従来の「勅任官」「奏任官」「判任官」という身分上の区分を廃止して、それぞれを一級、二級、三級に区分し、在職年数によって昇級する道を開いた。これらの改正により都道府県の職員の大部分を占める官吏についても改革が行われたものの、都道府県に勤務する公吏についての改革は行われず放置された。

しかし、都道府県知事の公選制が採用された結果、都道府県に勤務する官吏ならびに公吏の抜本的改正が喫緊の課題となり、このため政府は新たな自治制度の検討のために設置した地方制度調査会に対し、地方公務員制度に関する制度設計の骨格の検討を諮問した。

職員の任用問題については、地方制度調査会第三部会で審議されたが、都道府県庁の職員をすべて公吏とする、副知事以下全員の任命権は公選の知事に所属せしめることを前提に、一般職員の任用に関しては、(イ)政務官的色彩を帯びる公吏は自由任用とするが事務部局の公吏は種類別の資格条件を定めて任用すること。(ロ)資格条件としては、試験、学歴、経歴、詮衡等概ね現行官吏制度に準ずるが、体力、人格等をも考慮して決定するものとすること等を、一九四六年一二月に答申した。

政府は、答申を基礎として地公法の立案に着手したが、当時、アメリカからブレイン・フーバーを団長とする「対日合衆国人事行政顧問団」が来日（一九四六年一一月三〇日）して国家公務員制度改革の調査研究をはじめたため、地方公務員制度の改革も国家公務員制度の改革の動向を見極めることとし、自治法の施行と同時に地公法を制定する方針を改め、自治法の施行に際しては、都道府県の職員の身分切替に伴う措置等のみを自治法及び同施行規程をもって定めることとした。このため、一九四七年五月に施行した自治法の一七二条は、以下のように規定した。

> 第一七二条　前一一条に定める者を除く外、普通地方公共団体に必要な吏員を置く。

二　前項の吏員は、普通地方公共団体の長がこれを任免する。
三　第一項の吏員の定数は、条例でこれを定める。

制定時の自治法一七二条は、明治憲法下において吏員（官吏、公吏）であったものについてのみ規定を置き、一七三条でこれを事務吏員、技術吏員、教育吏員及び警察吏員に区別するというもので、その勤務関係は旧憲法下と同様に長の任免にかからしめる（一七二条二項）こととした。さらに附則六条で「この法律施行の際現に都道府県の地方事務官、地方技官又は待遇官吏たる者は、この法律若しくはこれに基づく政令又は他の法律で別に定めるものを除く外、当該都道府県の第一七二条の事務吏員又は技術吏員に任命され、引き続き現に在る職に相当する職に補されたものとする」と定めて、都道府県に勤務する官吏の身分を公吏に切り替えた。

一方、自治法制定時においては、雇員等は明治憲法下と同様に公法上の規律の範囲外とされ、その勤務関係はなお私法上の雇用契約によるものとされた。すなわちこの時点でも、雇員等は「吏員とは身分的に差別されていたから、これらを含めた地方公務員という観念はなかったし、これらの職員のすべてを対象とする地方公務員制度もなかった[5]」のである。

さらにこの時点でも、吏員の定員を増加することが困難であったことから、嘱託は次第にその利用範囲が拡大され、常勤職員である吏員や雇員と同様の勤務形態に服する者を生じることとなっていたといわれる[6]。

三　非正規国家公務員の制度変遷

一方、国家公務員の身分を有する臨時職員、非常勤職員に関しては、次のような制度的変遷を歩んでいる。

一九四七年の国家公務員法（以下、「国公法」という）制定時においては、国の機関に勤務する嘱託員は特別職とされ、国公法二条一三号「顧問、参与、委員その他これに準ずる職員で、法律又は人事委員会規則で指定するもの」ならびに一四号で「単純な労務に雇用されるもの」とともに国公法の適用除外とされ、さらに一九四八年三月一六日政令第五六号「嘱託制度の廃止に関する政令」により、嘱託制度は廃止され、臨時職員制度へと変更されていた。

臨時職員制度は、当初、一九四八年六月末までの暫定措置とされていたが、数次にわたり延長され、一九四八年一二月の国公法改正の際には、国公法制定当初において特別職とされていた「顧問、参与、委員その他これに準ずる職員」「単純な労務に雇用されるもの」とともに全面的に一般職に移され、国公法が適用となることとなった。

一九四九年五月三一日、臨時職員制度は廃止されたものの、翌六月一日の行政機関職員定員法の施行により、常勤の臨時職員については同法により定員内職員に組み入れられ、官吏及び雇傭人とともに一般職の常勤職員となった。また、非常勤の臨時職員の者は定員外職員となり、同年五月制定の人事院規則八―七（非常勤職員の任用）により非常勤職員とされ、また人事院規則一五―四によって、常勤職員の一週間の勤務時間の四分の三を超えない範囲で任命権者が自由に定めることとされたのである。

一方、行政機関職員定員法施行による常勤の国家公務員の大量人員整理と、その後の定員の厳しい抑制によって、各省は定員不足を定数外の非常勤職員で補うようになり、そしてこれら非常勤職員が常勤職員の勤務形態をとり始め「常勤的非常勤職員」となっていった。さらに行政機関職員定員法一条が「二月以内の期間を定めて雇用される者」を定員の外に置くこととしたため、二ヵ月の任期を無制限に更新することによって、「常勤労務者」と称する公務員が多数生じるようになった。

このような経過を人事院の人事院規則制定状況と照合すると、まず、「常勤的非常勤職員」の発生という事態を受け、人事院は、一九五〇年二月に早くも人事院規則一五―四を改正し、「一日につき八時間を超えない範囲内」で勤務時間を割り振られ、日々雇い入れられるという「日々雇用職員」というあらたな非常勤職員を制度化した。また、一九五〇年九月一二日の人事院事務総長通達（任審発二六三号）により、常勤労務者制度も発足した。

さらに、一九五一年八月及び同年一二月の人事院規則八―七の改正により、非常勤職員の任用が自由化され、各省庁の任命権者の選考によることになったのをはじめとして、一九五二年五月二三日に人事院規則八―一二の制定により、常勤労務者と非常勤職員の任命が自由化され、さらに各省庁で予算定数化できることとした。

四　地公法制定時の非正規公務員制度

一九五〇年一二月一三日公布（法律第二六一号）、一九五一年二月一三日施行の地公法は、その二条で、「地方公務員とは地方公共団体のすべての公務員をいう」と定義し、吏員以外の雇員、傭人、嘱託等のその他の職員も含め、地方公共団体のすべての公務員を一律に扱うこととした。

任用の形式に関しては、地公法一七条の正式任用と、地公法二二条の臨時的任用の二つのうちいずれかという制度となり、任用関係の規定である地公法一五条及び一七条から二三条までの規定は、同法附則一項により、都道府県及び政令市では公布から二年を経過した一九五二年一二月から、その他の市町村にあっては一九五三年六月からそれぞれ施行した。

地公法制定を受け、自治法一七二条は、「地公法の制定に伴う関係法律の整理に関する法律（昭和二六年法律第二〇三号）」により、一九五一年に条文全体が改正され、たとえば一項は、「前一一条に定める者を除く外、普通地方公共団体に必要な吏員その他の職員を置く」（傍線部は引用者）というように、吏員という職員に加えて「その他の職員」を規定した。これにより従前の雇員等も「職員」となり、自治法、地公法の対象となった。また、一九四七年の自治法の一部改正により追加されていた一七二条四項は、地公法の制定を受け、「第一項の職員に関する任用、職階制、給与、勤務時間その他の勤務条件、分限及び懲戒、服務、研修及び勤務成績の評定、福祉及び利益の保護その他身分取り扱いに関しては、この法律に定めるものを除く外、地方公務員法の定めるところによる」と全文改正された。

なお、一九五二年の自治法の一部改正により、一七二条三項に、次の通り但し書きが加えられた。

「三　第一項の職員の定数は、条例でこれを定める。但し、臨時又は非常勤の職については、この限りでない。」

これらの改正により、吏員であれその他職員であれ、自治法上、地公法上の勤務関係において両者が区別して取り扱われずに、すべてが「地方公務員」として括られるとともに、自治法一七二条二項において両者とも長の任免にかからしめることになり、地公法制定以前のような、公法上の勤務関係と私法上の雇傭契約という区分がなくなったということである。

五 「臨時職員」問題の発生と本質——一般職の常勤的非常勤職員の任用の種類

地公法制定から五年目を迎えた一九五五年に、自治庁は初の地方公務員給与実態調査を実施する。同調査は、統計法の規定による指定統計（指定統計第七六号）として一九五五年一月一〇日を基準日として行われたもので、翌一九五六年一〇月三日に最終公表された[7]。

自治庁がこの時期に給与実態調査を実施した理由は、地方公共団体の財源保障に資する地方交付税制度（一九五四年制定）導入後において、交付税算定の基礎となる地方財政計画（次年度の地方公共団体の収支見込み）と当該年度の決算との間の乖離が顕著となり、とりわけ給与関係費については、計画が決算を大幅に下回り不十分な財源対策しか講じられていないことが明らかになったためである[8]。

一九五五年の地方公務員給与実態調査は、その調査対象を「一般職に属する全地方公務員とする」（傍線は、引用者による）とし、吏員、雇員、傭人のほか臨時職員も調査対象であったが、(1)道府県の地方警察職員、(2)非常勤職員、(3)未帰還職員は対象外とされた。ただし、(2)非常勤職員のうち、「勤務時間が一日八時間以上又は一週四四時間以上としてさだめられている者であつて、同一人が実質的に一二月をこえて継続して勤務することを例とする勤務に従事するもの及び任用の日から起算して引き続き六月以上勤務しているもの」[9]、いわゆる常勤的非常勤職員を調査対象とし、「臨時職員」[10]として分類した。すなわち、同調査における「臨時職員」とは、日々雇用職員、非常勤職員、臨時職員等の呼称に関わらず、一般職の常時勤務の有期職員全般を指すものであった。

図表6―3から図表6―6は、一九五五年の地方公務員給与実態調査結果のうち「臨時職員」に係る部分から筆者が作成したものである。

図表6―3は、一九五五年時点の都道府県別自治体階層別の一般職員数、臨時職員数とその構成比で、都道府県合計では一般職員二八万六九一七人に対し「臨時職員」は五万三〇五四人であり、「臨時職員」の一般職員に対する割合は一八％であった。五大市を含む市では、一般職員二六万二七二九人に対し「臨時職員」は三万四五七〇人で割合は一三％、町村では一般職員一七万九六一〇人に対し「臨時職員」は五六五四人で、割合は三％という状況だった。

今日の状況に比すると「臨時職員」の割合は少なく感じるが、ここには勤務時間の短い職員は含まれていない。また図表6―3を詳細にみると、たとえば、東京の市は、一般職員二四九七人に対し「臨時職員」は五五八三人で、一般職員の二・二四倍の人数に及んでいた。

図表6―4は、「臨時職員」の任用別人数と構成比を自治体階層別に見たものである。

九万三二七八人の一般職の有期任用の常勤職員を「臨時職員」として分類しているが、その内実を任用別に区分してみると、地公法二二条を根拠に臨時職員として任用している者（二万〇七四八人）よりも、地公法二二条を根拠にしていない者（七万二五三〇人）の方がはるかに多い。全地方公共団体の

図表６－３　都道府県別自治体階層別　一般職員・臨時職員とその割合

（単位：人、％）

県名	都道府県			市（五大市含む）			町村		
	一般職員（A）	臨時職員（B）	(B)/(A)%	一般職員（A）	臨時職員（B）	(B)/(A)%	一般職員（A）	臨時職員（B）	(B)/(A)%
北海道	14,744	2,865	19	13,357	1,077	8	12,790	271	2
青森県	3,926	601	15	2,553	178	7	3,533	97	3
岩手県	5,753	622	11	2,913	243	8	3,939	159	4
宮城県	4,826	781	16	4,795	415	9	5,081	168	3
秋田県	4,162	455	11	3,328	333	10	3,791	162	4
山形県	4,145	849	20	4,028	530	13	4,029	111	3
福島県	6,353	1,307	21	3,444	200	6	5,117	178	3
茨城県	4,913	1,476	30	2,468	429	17	4,564	76	2
栃木県	3,632	933	26	2,893	257	9	2,900	25	1
群馬県	4,427	702	16	3,195	252	8	3,273	48	1
埼玉県	5,172	654	13	4,674	442	9	4,447	38	1
千葉県	4,731	1,375	29	4,152	467	11	4,531	84	2
東京都	62,960	9,674	15	2,497	5,583	224	2,256	74	3
神奈川県	6,745	1,187	18	17,966	1,823	10	1,715	72	4
新潟県	6,929	1,468	21	6,367	872	14	6,711	295	4
富山県	3,176	826	26	3,454	298	9	2,775	15	1
石川県	2,927	94	3	2,455	174	7	2,751	25	1
福井県	3,170	682	22	2,049	171	8	1,992	59	3
山梨県	3,463	822	24	1,894	80	4	2,293	38	2
長野県	5,771	1,464	25	4,577	159	3	6,889	192	3
岐阜県	4,807	853	18	3,332	599	18	3,731	81	2
静岡県	5,115	766	15	6,448	1,037	16	4,712	171	4
愛知県	7,526	1,195	16	18,988	1,854	10	5,010	61	1
三重県	4,450	1,398	31	4,586	390	9	3,031	24	1
滋賀県	2,842	632	22	1,965	124	6	3,078	59	2
京都府	5,046	389	8	13,092	1,035	8	2,600	94	4
大阪府	8,060	1,840	23	34,241	2,460	7	3,432	112	3
兵庫県	8,234	1,055	13	18,135	1,751	10	4,744	73	2
奈良県	2,799	36	1	1,188	79	7	2,303	15	1

和歌山県	4,480	472	11	2,489	356	14	3,062	128	4
鳥取県	2,643	525	20	1,594	282	18	1,897	54	3
島根県	3,498	1,028	29	2,328	284	12	2,987	96	3
岡山県	4,448	1,366	31	4,566	546	12	4,029	160	4
広島県	5,084	1,340	26	7,232	1,280	18	5,704	151	3
山口県	4,836	1,321	27	6,603	668	10	3,756	282	8
徳島県	3,594	1,075	30	1,558	388	25	2,811	35	1
香川県	2,972	635	21	2,018	404	20	2,844	70	2
愛媛県	4,630	469	10	3,680	565	15	3,894	118	3
高知県	3,770	705	19	1,594	396	25	2,400	283	12
福岡県	8,945	1,402	16	11,772	2,329	20	6,036	281	5
佐賀県	2,946	803	27	2,404	253	11	1,940	89	5
長崎県	4,545	997	22	4,983	1,213	24	3,403	143	4
熊本県	5,295	1,241	23	5,090	546	11	4,713	147	3
大分県	4,515	591	13	2,701	478	18	3,002	80	3
宮崎県	4,381	1,064	24	2,670	476	18	3,241	196	6
鹿児島県	5,531	1,019	18	4,413	794	18	5,873	464	8
計	286,917	53,054	18	262,729	34,570	13	179,610	5,654	3

出典）地方公務員給与実態調査（1955年１月10日現在）による。

図表６－４　自治体階層別「臨時職員」の任用別人数・構成比

（単位：人、％）

	1. 臨時的任用	（%）	1. 以外の任用	（%）	計
都道府県	8,327	16	44,727	84	53,054
五大市	1,455	33	3,005	67	4,460
市（五大市除く）	8,268	27	21,842	73	30,110
町村	2,698	48	2,956	52	5,654
計	20,748	22	72,530	78	93,278

出典）地方公務員給与実態調査（1955年１月10日現在）による。

図表6－5　雇用期間別の「臨時職員」数

（単位：人、％）

	①日々雇用	（％）	②１～６月	（％）	③７～12月	（％）	④その他	（％）	計
都道府県	10,996	21	28,850	54	2,684	5	10,524	20	53,054
五大市	731	16	1,052	24	110	2	2,567	58	4,460
市（五大市除く）	3,455	11	16,010	53	1,348	4	9,297	31	30,110
町村	753	13	1,339	24	532	9	3,030	54	5,654
計	15,935	17	47,251	51	4,674	5	25,418	27	93,278

出典）地方公務員給与実態調査（1955年１月10日現在）による。

「臨時職員」の任用別の構成割合は、臨時職員二二対臨時職員以外七八である。

その任用が臨時職員以外の者とは、先に指摘したように、常勤職員と同じ勤務態様のいわゆる常勤的非常勤職員である。

図表６―５は、雇用期間別の「臨時職員」数である。臨時職員の一回の任用期間は、地公法二二条では六ヵ月以内としているので、臨時職員は、図表６―５では②一～六月のみに含まれる。そうすると、①日々雇用、③七～一二月、④その他と②一～六月の大半は、常勤的非常勤職員ということである。このうち、①日々雇用とは、一九五〇年に人事院規則一五―四で規定された国の非常勤職員の制度で、常勤職員に割り振られた勤務時間を勤務する典型的な常勤的非常勤職員である。地方公務員制度に根拠規定はない。この日々雇用は「臨時職員」の一七％を占めていた。④その他とは、一年を超える期間を雇用期間とする職員である。当時の労基法一四条は、「労働契約は（中略）一年を超える期間について締結してはならない」としており、同法一四条を地公法五八条は適用除外としていなかったので、④その他に分類された二万五四一八人は、実質上は任期の定めのない常勤的非常勤職員であった。構成割合は二七％で最も多数を占める。

最後に図表６―６の在職期間である。二年以上勤務している「臨時職

図表6－6　現在在職している地方公共団体での在職期間

（単位：人、％）

	0～5月	6～11月	12～17月	18～23月	24～29月	30～35月	36月以上	不祥	合計
都道府県	2,577	6,754	5,114	7,084	4,951	6,434	20,054	86	53,054
（％）	5	13	10	13	9	12	38	0	100
五大市	246	364	168	212	354	601	2,514	1	4,460
（％）	6	8	4	5	8	13	56	0	100
市（五大市除く）	3,158	5,407	3,079	3,449	2,489	2,688	9,683	157	30,110
（％）	10	18	10	11	8	9	32	1	100
町村	1,241	1,570	807	589	308	276	840	23	5,654
（％）	22	28	14	10	5	5	15	0	100
計	7,222	14,095	9,168	11,334	8,102	9,999	33,091	267	93,278
（％）	8	15	10	12	9	11	35	0	100

出典）地方公務員給与実態調査（1955年1月10日現在）による。

員」の構成割合は、都道府県で五九％、五大市で七七％、五大市以外の市で四九％、町村で二五％、全体では五五％となっており、「臨時職員」の大多数は、二年以上の勤務であった。また三年以上勤務の「臨時職員」は都道府県で三八％、五大市で五六％、五大市を除く市で三二％、町村で一五％、全体で三五％である。

「臨時職員」問題は、当時、国・地方を通じた重要問題として浮上していた(11)。しかしその内実は、任用区分上の臨時職員が膨大となっていったのではなく、任用根拠が曖昧で、任期の定めのない、常勤職員と勤務態様が変わらないにもかかわらず、「給与その他の処遇が、自分たちの実態に適合しないことに不満を抱く(12)」、一般職の常勤的非常勤職員の問題だったのである。

六 「臨職問題」始末

先にも指摘したように、国においては、一九四九年の行政機関職員定員法施行後において、各省は定員不足を非常勤職員で補うようになり、これら非常勤職員が常勤職員の勤務形態をとり始めて「常勤的非常勤職員」となっていった。また「二月以内の期間を定めて雇用される者」は定員外とされたため、二ヵ月の任期を無制限に更新することによって、「常勤労務者」と称する公務員が多数生じるようになっていた。一九五七年一〇月一日現在において、行政機関職員定員法に定められた定員の一般職の常勤職員が六四万三九二五人であるのに対し、「常勤的非常勤職員」が三万八一〇五人、二ヵ月以内の任期を限られた常勤労務者が五万八八二〇人に達し、「これは人事行政上の重大問題とならざるを得ない」と認識されていた(13)。

このような状況について、当時人事院総裁の任にあった浅井清は、その著書で次のように述べている。「やがてこれらの非常勤職員の群れから「常勤繰り入れ」、すなわち正規の定員内の常勤職員への任用の叫び声が、ここかしこに起こってくる。そうしてそれが野党にも反映して、国会にまでこだますようになるのである。これに対する官庁の管理者側の態度は、はなはだ弱い。正規の常勤職員の定員の増加を要求しても容易に認められないので、このような抜け道を歩かせたことに責任があるからである。また政府としても、このような抜け道を放置しておいたことに責任がある。さらにこの抜け道を歩いて正規の常勤職員中にもぐり込む者が多くなれば、ついに、試験任用に基づく公務員制度を、根本から揺り動かすことにもなる」[14]。

国における常勤的非常勤職員と常勤労務者の定員化

国における常勤的非常勤職員と常勤労務者の定員化措置は、一九五七年度以降、逐次行われてきた。その直接の舞台になったのが、同年の第二六回通常国会であり、この頃から「定員外職員の定員化」問題が国政で議論されるようになった。実際に定員化措置が行われたのは一九五八年度になってからで、国家公務員の定員外職員の二割に相当する約一万九千人の定員外職員の定員化が行われた[15]。このような「定員外職員の定員化」は一九六〇年度まで続いたが、一九六一年に至り、行政機関職員定員法が廃止され、一般職国家公務員の定員数を前年度比で一挙に約五万八千人引き上げ、当時の常勤的非常勤職員と常勤労務者の約七割にあたる約四万八千人を定員内に繰り入れ[16]、翌一九六二年にも、残りの三割にあたる約二万八千人の非常勤職員の定員化が行われたのである。

国における「臨職問題」はこれをもって一つのヤマを越える。政府は「定員外職員の常勤化の防止について」（一九六一年二月二八日）を閣議決定し、一九六二年の非常勤職員の定員化措置を最後とし、今後においては次の通り、取り扱うものとした。

「3　昭和三六年二月二八日以後においては、非常勤職員のうち、継続して日日雇い入れることを予定する職員の雇用にあたっては、その常勤化を防止するため、次のとおり実施するものとする。

(1)継続して日日雇い入れることを予定する職員については、必ず発令日の属する会計年度の範囲内で任用予定期間を定めること。
(2)被雇用希望者に対しては、任用条件特に任用予定期間を示し、確認させること。
(3)採用の際交付する人事異動通知書には、(2)の任用条件を明記するとともに、任用予定期間が終了した後には自動更新をしない旨をも明記すること。
(4)採用の際は、必ず人事異動通知書を交付すること。
ただし、任用予定期間が一月をこえない職員の任用にあたっては、人事異動通知書に代る文書の交付その他適当な方法をもって行うことができるものとする。
(5)任用予定期間が終了したときには、その者に対して引き続き勤務させないよう措置すること。」

地方における定数化措置内容

地方公務員における「臨職問題」の解決にむけた歩みは、国に歩調を合わせて進められていった。一九五六年八月、自治庁は、各都道府県知事あてに自治庁次長通知（「定数外職員の定数化について」（昭三一・八・二〇　自乙公発第三五号　各都道府県知事あて自治庁次長通知））を発出した。そこでは次のように記されていた。

1　もともと恒久的と考えられる職務に従事させる職員を雇用期間を限って雇用することは妥当性を欠くものであるから、今後は、臨時職員の採用は行わないようにすること。

2　現に雇用されている臨時職員については、配転の合理性をはかることにより、安易な再雇用または雇用期限の延伸を極力避けるとともに、できるだけ速やかに順次定数内の職員に切り換え、計画的にその数を減少させること。

3　前項2の措置により定数内の職員に切り換えるまでの間の臨時職員に対する給与、その他の待遇については、国における常勤労務者に対する待遇を参考にするなど、一般の職員との均衡を考慮して順次その改善をはかること。

これがいわゆる「臨時職員定数化三原則」といわれるものである。

具体的な措置は、国の動向に歩調をあわせ一九五八年度より開始した。その方法は、当初、地方財政計画における職員定数について、「臨時職員」の振替数を参入し地方交付税の措置を講ずるというものであった。

一九五八年度は、国において、国家公務員の定員外職員の二割に相当する常勤的非常勤職員の定員化措置を行われることを受け、地方公務員の定数外職員についても、同年の地方財政計画において、同計画上の定数外職員数である五万二一八五人の二〇％相当にあたる一万〇四三七人を定数化するというものであった。[17] 但し振替に伴う給与費の取り扱いについては、「臨時職員の給与費の減と一般職員への振替えによる一般職員の給与費の増は相殺されている。これは国の臨時職員の定数化措置については経費の増を見込んでいないので、同様の方法によった」[18]というもので、振替に伴う給与費の増を伴わない人員の振替だけの措置だった

これに続く一九五九年度には、国が定員化措置を二〇％から二七％に引き上げたのにあわせ、一九五八年度地方財政計画上の定数外職員数の七％分に該当する定数外職員のさらに一二分の三に相当する九一三人を定数化する措置を講じた。[19]

翌一九六〇年度には残りの一二分の九に相当する三七三九人を定数化する措置を講ずるとともに、国が一九五九年度において、あらたに臨時職員の一〇％に相当する人員の定員化を行うこととしたことに対応し、地方財政計画上の定数外職員の一〇％に相当する三六六〇人を定数化するものとし、その所要財源に対応する人員を、地方財政計画において、臨時職員より一般職員に振り替えた[20]。

しかしながら、一九五八年度から一九六〇年度までの定数外職員の定数繰入措置は、十分な財源が確保されなかったため、実効が上がらなかった。今枝信雄自治庁公務員課長は、国会質疑において、実直に次のように述べている。

「現実に定数内に繰り入れた場合には相当の財源措置も必要でございまして、そういう意味で率直に申しまして地方団体がみずから進んでこれを積極的に解決したいという気風は薄いわけでございます。そういう意味で私どもといたしましては、いろんな事情があっても最小限度この程度のことはしてもらわなければ困る、こういう意味の最低限をお示ししておるつもりでございます。それ以上の繰り入れをやっておるところもございます。また、残念ながら率直に申してその最低線に到達しないところもございます[21]」。

一九六一年度に至り、地方における定数外職員の定数化措置も、重要な局面を迎える。この年、国では、一九六〇年度補正予算（第一次）によって行った臨時職員の措置とあわせて、臨時職員の約七〇％を定員化することとしたのにあわせ、「地方公共団体の臨時職員についても、昭和三五年度地方財政計画上の（臨時職員の——引用者）人員三万二九三六人の七〇％相当数二万三〇五五人を定数化することとした。また、定数化した職員の給与費に関しては、従前のように定数化措置による経費増を見込まないというものではなく、「前年度の臨時職員の七〇%相当分の給与費に比し、一五一四百万円の増」となる措置を地方交付税上で講じたのである。(22)

翌一九六二年度も、国の措置に準じて残りの三〇%相当の臨時職員（九八八一人）についてその八〇%相当数（七九〇五人）を定数化することとし、所用の財源措置が講じられた。(23)

定数化の手続

では、「臨時職員」の定数化の手続はどのように行われたのであろうか。

一九六一年七月一一日に発出の自治事務次官通知（「定数外職員の定数化について（昭三六・七・一一　自治乙公発第二五号　各都道府県知事宛　自治事務次官）では、定数化の手続について次のように述べられている。

「二　定数化の手続　定数外職員を新たに定数化するとされた職に任用するに当たっては、少なくとも次に掲げる要件を含む選考基準に従って行うものとすること。

(1)相当長期間勤務していること。

(2)勤務実績が良好であること。

(3)任用しようとする職の職務遂行の能力を有することが適正な方法により実証されること。」

上記の三つの選考基準のうち、何が重視されたかについては、当時、自治省公務員課にいた田井順之は次のように述べている。「今回の定数化は、従来の暫定的一部定数化の場合のように多数の定数外職員中から少数の者を選んで定数化するのとは異なり、大幅なものであるから、一定の必要能力を有している限り、実際上は、長期間勤務者は原則として定数化されることとなろう」[24]。

ところで、定数化措置の実施手続に関して、改めて、定数化措置の対象となる「臨時職員」がどのような任用の形式で採用されていたのか、すなわち地公法一七条によるものか、地公法二二条によるものかが問題となった。

この点につき当時、自治省公務員課に勤務していた田井順之は、地公法一七条の規定により任期付で正式任用されている者である場合は、新たな任用そのものは昇任または転任に該当するものと考えられるので、改まった採用手続は必要でなく、条例定数内に新たに組み入れられた職を占める職員として取り扱うこととなるという考え方を示し、このような現実的な要請から、田井は「いわゆる臨時職員は、むしろ地方公務員法第一七条の規定に基づき正式任用しながら任用期限を附して更新を繰り返すやり方によつているものが多い」とした[25]。

一九六一年の定数化職員の定数化に関わって、その対象となる「臨時職員」の任用の形式は、現実的な必要性から、地公法一七条によるものと論理構成せざるをえなかったのである。

一九六〇年を挟み、国でも地方でも、常勤的非常勤職員を一斉に正規職員化した。その数は、最低でも国で約九万五千人、地方で三万千人にも及ぶものであった。

このような定員化・定数化措置によって、「臨職問題」——正確には常勤的非常勤職員の問題——は、一定の決着を見たはずだった。

しかし、公務員制度の根幹を揺るがす常勤的非常勤職員とも称される定数外職員は、その後も地方公共団体において新たに任用され、その人数も増加し、今日では、正規公務員より非正規公務員の方が多いという地方自治体さえ現れている。

(1) 全国都市問題会議「市吏員に関する調査（全国都市問題会議会報特別号、第七回総会文献五参考資料）」全国都市問題会議事務局、一九四〇年。なお同調査は、財団法人東京市政調査会から「市吏員に関する調査」として一九四〇年一一月に発行されている。
(2) 江口俊男『府県市町村吏員』良書普及会、地方行政全書、一九四三年、一一頁。
(3) 地方待遇職員令（大正九年勅令二四八号）によって設置された制度。道路・河川行政や教育行政等の国法の下に執行する国の事務に従事する職員で、自治体費用で支弁される国の官吏。国費をもって充てられないが、その待遇は官吏並であり、官吏と吏員の中間にあたるものとして位置づけられていた。今村都南雄・辻山幸宣編著『逐条研究地方自治法Ⅲ』敬文堂、二〇〇四年、六〇七頁。
(4) 江口前掲注（2）、一〇頁。
(5) 角田禮次郎『地方公務員法精義』学陽書房、一九五五年、三頁以下。
(6) 角田前掲注（5）、三頁以下。
(7) 自治庁「地方公務員給与実態調査（昭和三〇年一月一〇日現在）」大蔵省印刷局。
(8) 飛田博史『財政の自治』公人社、二〇一三年、六七頁。
(9) 自治庁前掲注（7）、一頁。
(10) 本章では、常勤的非常勤職員を含む場合を「臨時職員」と表記し、地公法二二条で任用された職員については、臨時職員と表記する。

(11) なぜに重要問題と受け取られたのか。次のような証言がある「このように「正式職員」「臨時職員」という単なる名称上の差異のために不平等な取り扱いをすることは、職員を身分的に差別するものであって、それは過去における身分的官僚制度とその軌を一にすることであり、明らかに公務員制度の民主化とは反対の方向を辿るものであって、公務員法の精神を内部より破壊しようとする危険さえも内包している。」北目廸（宮城県人事委員会事務局長）「臨時職員制度の取り扱いをめぐって」『人事行政』五巻二号（一九五四・二）、三五頁。

(12) 浅井清『新版国家公務員法精義』学陽書房、一九七〇年、五八頁。

(13) 浅井清『国家公務員法精義（全訂新版）』学陽書房、一九六〇年、二六〜二七頁。

(14) 浅井前掲注（12）、五八頁以下。

(15) 早川征一郎・松尾孝一『国・地方自治体の非正規職員』旬報社、二〇一二年、二七頁。

(16) 早川・松尾前掲注（15）、二七〜二八頁。

(17) 財団法人地方財務協会「昭和三三年地方財政措置の詳解」一九五八年、一〇六〜一〇八頁。

(18) 財団法人地方財務協会前掲注（17）、一三七頁。

(19) 財団法人地方財務協会「昭和三四年地方財政措置の詳解」一九五九年、六八頁・一六四頁。

(20) 財団法人地方財務協会「昭和三五年地方財政措置の詳解」一九六〇年、一七〇頁。

(21) 一九六一年三月二四日　衆議院・地方行政委員会議事録一五号。

(22) 財団法人地方財務協会「昭和三六年改正地方財政詳解」一九六一年、一二五頁。

(23) 財団法人地方財務協会「昭和三七年改正地方財政詳解」一九六二年、一二五頁。

(24) 田井順之「定数外職員の定数化について」『地方財務』八八号（一九六一年九月）、四九頁。

（25）田井順之前掲注（24）、四三頁以下。

第7章　特別職非常勤職員という任用の形式の発見

総務省調査二〇一二によると、地公法三条三項三号に基づく特別職非常勤職員として任用されている職員の数は、全国で約二三万人で、約六〇万人といわれる地方の非正規公務員の約四割を占める。地公法三条三項三号は「臨時又は非常勤の（中略）嘱託員及びこれらの者に準ずる者の職」と規定し、この条文に基づき任用されるとされていることから、「嘱託（職）員」という名称で任用される例も多い。

特別職非常勤職員というカテゴリーは、国家公務員にはない。国の非正規公務員は、皆、一般職で、原則として国公法が適用となり、一般職の職員の給与に関する法律（以下、「給与法」という）が適用され、その勤務条件は人事院規則等で規律される。

一方、地方に特有の制度である特別職非常勤職員は、地方公務員でありながら地公法が適用されず（地公法四条二項）、したがって、他の法律の適用除外を列挙する五八条も適用されないことから、労働組合法、労働関係調整法、労基法が全面適用となる。別の観点からこれを論じれば、地方公共団体は、争議権を含めた労働三権を完全に保障された二三万有余の地方公務員をその内部に抱えているのである。

ところが民間労働諸法が全面的には適用されておらず、短時間労働者の雇用管理の改善等に関する法律（以下、「パート労働法」という）、労契法、育児休業、介護休業等育児又は家族介護を行う労働者の福祉に関する法律（以下、「民間育児介護休業法」という）も適用されず、非現業の特別職非常勤職員については個別労働関係紛争の解決の促進に関する法律（以下、「個別労働関係紛争解決促進法」という）も適用されない。

「法の谷間の存在」といわれる非正規公務員であるが、特別職非常勤職員は、その典型であろう。この特別職非常勤職員について、同条項に基づいてその名称で任用すること自体が法解釈の誤りであるとする裁判例がある。「中津市常勤的非常勤職員退職手当請求事件」にかかる福岡高判平二五・一二・一二（判時二二二二号一二三頁）である。

原告の学校司書職員は、特別職非常勤職員として任用され、三三年間勤め、六〇歳になって雇止めになったが、退職手当が一円も支払われなかったため、その請求を求め裁判を起こしたものである。これに対して被告・中津市の主張は、原告の学校司書職員を、特別職非常勤職員として任用したこと、中津市の退職手当条例は、その適用を一般職に限定しており、請求に理由がないと主張した。

一審の大分地裁は、中津市の主張を採用し、原告は特別職非常勤職員として任用されたのであり、条例の適用はないと判断した（大分地中津支判平二五・三・一五、判時二二二二号一二六頁）。この判決を不服とし原告が控訴したが、福岡高裁の控訴審判決は一審の判断を覆し、被告中津市に退職手当を支払えと命じた。

福岡高裁の判断枠組みは、次のようなものであった。

・特別職とは、生活を維持するために常時公務につくのではなく、一定の学識、知識、経験、技能等に基づいて、随時、地方公共団体の業務に参画するもの。

・そうすると、ある職員が特別職に該当するかどうかは、常時か、臨時・随時かによって判断すべき。

・特別職か否かは勤務時間や勤務日数などの勤務条件や職遂遂行にあたっての指揮命令関係の有無、成績主義の適用の有無が、正規職員と異なるかによっても判断される。

その上で、控訴人（一審原告）は、学校図書館において、勤務日数や勤務時間の点で正規職員と異なることなく勤務し、その勤務条件からは他職に就いて賃金を得ることは不可能であり、さらには校長による監督を受ける立場にあり、勤務成績が不良の場合には、市長によって解任される場合があるとされていたもので、そうであれば任命権者である中津市教育委員会が、控訴人を特別職として任用したのは、「地方公務員法の解釈を誤った任用であるから、そのことをもって、控訴人を特別職の職員であると認定することはできない」とし、控訴人は一般職の職員であるから、同市の退職手当条例が適用になるので、退職手当（一〇九二万円）を支払うべきであると判じたのである。

現憲法における公務員制度は、旧憲法下の身分制的公務員制度のように、はじめから公務員という身分がありそれに職を割り振るというものではなく、「公務員であること」は、国もしくは地方公共団体の「職」を占める者であり（国公法二条四項、地公法二条）、当該職が一般職の職であれば、その職を占める者は一般職の公務員であり、当該職が特別職の職であれば、その職を占める者は特別職の公務員となる。

地公法三条二項は、「一般職は、特別職に属する職以外の一切の職とする」と定める。すなわち、特別職の職以外の職を占める者は、一般職の地方公務員ということである。

後に触れるように、地公法制定時からしばらくの間は、特別職非常勤職員としての採用が、現在のように無原則に多用されることは想定されていなかった。それは、特別職非常勤職員の職とは、恒久的でない職または常時勤務することを必要としない職、かつ職業的公務員の職でない職であり、特別職非常勤職員はこの要件を満たす職に任用されるものと考えられてきたからである。そして職業的公務員の職に特別職の職員を任用できないとする考え方は、旧憲法下の吏員、雇員、傭人、嘱託員という身分的に区分された公務員制度を排し、民主的公務員制度を確立するという地公法の趣旨に準じたものであった。

このことからすると、本来、一般職の職員が占める職に特別職非常勤職員を無原則に任用する今日の有り様は、地公法の趣旨を潜脱し、法解釈を逸脱するものといわざるを得ない。

一　特別職非常勤職員の任用状況

特別職の職とは、一般職のそれとの対比でいえば、恒久的でない職または常時勤務することを必要としない職であり、かつ、職業的公務員の職でない職であるにもかかわらず、実際は、任用の際の根拠条文が地公法三条三項三号であるというだけで、恒久的な職に常時勤務し、かつ、上司の命令に従って職業的公務員として勤務する「偽装」特別職非常勤職員が多数存在する。

図表７－１　地方公共団体の臨時・非常勤職員数（任用の種類別）

（単位：人、％）

			特別職非常勤職員（法３条３項３号）		一般職非常勤職員（法17条）		臨時的任用職員（法22条２項・５項）	
	計	構成比	計	構成比	計	構成比	計	構成比
2008年	499,302	100	201,267	40.3	99,656	20.0	198,379	39.7
2012年	603,582	100	231,209	38.3	127,390	21.1	244,983	40.6

出典）総務省調査2008・2012より筆者が作成。

職種別分類

図表７―１は、臨時・非常勤職員数を任用の種類別に区分したものである。二〇一二年四月一日現在で全地方公共団体には、六〇万三五八二人の臨時・非常勤職員がいるが、特別職非常勤職員はこのうち約四割の人員を占め二三万一二〇九人である。最も多数を占めるのが臨時職員の二四万四九八三人でその構成比は四〇・六％、一般職非常勤職員は一二万七三九〇人で約二割である。

特別職非常勤職員は、二〇〇八年調査では構成比が最も高く四〇・三％で、二〇万一二六七人であった。二〇一二年にかけて約三万人増加している。また、一般職非常勤職員は約二万八千人、臨時職員は約四万五千人それぞれ増加した。

臨時・非常勤職員数を総務省調査二〇一二に基づき、任用の種類別に分類したのが図表７―２の地方公共団体の臨時・非常勤職員数（職種別・任用種類別）である。

特別職非常勤職員の構成比率が高い職種は、その他職員（六四・八％）、医師（六七・四％）、技術職員（六一・〇％）である。医師や技術職員は、専門性が高く、指揮命令系統から独立した非専務的という特別職の要件に合致した職種とみなすことは可能と思われるが、相談員（消費生活相談員、

図表７－２　職種別・任用種類別臨時・非常勤職員数（2012年）

（単位：人、％）

職種	計	特別職非常勤職員	構成比（％）	一般職非常勤職員	構成比（％）	臨時職員	構成比（％）
一般事務職員	149,562	54,723	36.6	32,650	21.8	62,189	41.6
技術職員	8,855	5,397	61.0	1,592	18.0	1,866	21.1
医師	8,743	5,896	67.4	1,471	16.8	1,376	15.7
医療技術員	10,969	5,033	45.9	2,193	20.0	3,743	34.1
看護師等	25,947	6,724	25.9	6,977	26.9	12,246	47.2
保育士等	103,428	22,912	22.2	26,052	25.2	54,464	52.7
給食調理員	39,294	9,248	23.5	12,495	31.8	17,551	44.7
技能労務職員	59,254	22,198	37.5	14,694	24.8	22,362	37.7
教員・講師	78,937	22,195	28.1	8,817	11.2	47,925	60.7
その他	118,593	76,833	64.8	20,449	17.2	21,261	17.9
合計	603,582	231,209	38.3	127,390	21.1	244,983	40.5

出典）総務省調査が実施された各年の「臨時・非常勤職員に関する調査結果について（2012年４月１日現在）」から筆者作成。

交通事故相談員、青少年相談員等）、指導員（交通安全指導員、国民年金指導員等）が含まれる「その他」職員が、先に見た特別職の要件を満たしているとは考えにくい。

さらに、最も人数の多い一般事務職員（一四万九五六二人）における特別職非常勤職員（五万四七二三人、三六・六％）は、臨時職員（六万二一八九人、構成比四一・六％）と同規模の人数がいるが、一般事務職員の職の性格に、専門性や非専務性等の特別職として任用する要件を見出すことは困難である。同様のことは技能労務職をはじめとする他の職種にも言える。

そうすると、特別職非常勤職員、一般職非常勤職員、臨時職員の任用の種類の選択は、職の内容ではなく、他の要因が影響しているものと考えられる。

地方公共団体ごとに区々の任用状況　都道府県の場合

非正規公務員の任用を、特別職非常勤職員、一般職非常勤職員、臨時職員のいずれで行うのかは、職種の性格や、特別職としての要件を満たしているかという要因で決定されているのではなく、地方公共団体それぞれの任意の判断で任用の種類が選択されている。

その状況を表わしたのが、図表7—3の「一般事務職員の都道府県別任用種類別非正規公務員数」である。非正規公務員の一般事務職員の任用の種類は、同じ職種であるにもかかわらず、都道府県ごとにまちまちで、概ね以下のような傾向がみられる。

○主に特別職非常勤職員
埼玉県、千葉県、東京都[1]、富山県、福井県、岐阜県、愛知県、広島県、福岡県、佐賀県、長崎県、鹿児島県

○特別職非常勤職員と臨時職員
宮城県、秋田県、茨城県、石川県、山梨県、京都府、大阪府、島根県、徳島県、熊本県、大分県、宮崎県

○特別職非常勤職員と一般職非常勤職員
山形県、群馬県、長野県、兵庫県、沖縄県

○主に一般職非常勤職員
神奈川県、新潟県、三重県、奈良県、鳥取県

図表7－3　一般事務職員の都道府県別任用種類別非正規公務員数（2012年）

	合　計	特別職非常勤職員	構成比（％）	一般職非常勤職員	構成比（％）	臨時的任用職員	構成比（％）
北海道	696		0	183	26	513	74
青森県	578	23	4	379	66	176	30
岩手県	1,508	219	15	53	4	1,236	82
宮城県	295	147	50		0	148	50
秋田県	829	329	40		0	500	60
山形県	746	428	57	267	36	51	7
福島県	618	109	18		0	509	82
茨城県	1,375	790	57		0	585	43
栃木県	224	30	13		0	194	87
群馬県	833	373	45	373	45	87	10
埼玉県	384	381	99		0	3	1
千葉県	726	711	98		0	15	2
東京都	2,227	2,227	100		0		0
神奈川県	870		0	663	76	207	24
新潟県	1,409	304	22	973	69	132	9
富山県	65	50	77	3	5	12	18
石川県	499	244	49		0	255	51
福井県	225	190	84		0	35	16
山梨県	362	206	57		0	156	43
長野県	728	392	54	305	42	31	4
岐阜県	358	278	78	2	1	78	22
静岡県	699	26	4	479	69	194	28
愛知県	876	728	83	43	5	105	12
三重県	732	184	25	542	74	6	1
滋賀県	247	55	22		0	192	78
京都府	1,017	398	39		0	619	61

	合　計	特別職非常勤職員	構成比（%）	一般職非常勤職員	構成比（%）	臨時的任用職員	構成比（%）
大阪府	623	377	61		0	246	39
兵庫県	2,284	1,182	52	882	39	220	10
奈良県	454	80	18	374	82		0
和歌山県	394	48	12		0	346	88
鳥取県	536	12	2	501	93	23	4
島根県	574	323	56		0	251	44
岡山県	262		0		0	262	100
広島県	372	328	88		0	44	12
山口県	96		0		0	96	100
徳島県	301	158	52		0	143	48
香川県	107		0		0	107	100
愛媛県	301	5	2		0	296	98
高知県	400		0	135	34	265	66
福岡県	13	13	100		0		0
佐賀県	419	338	81		0	81	19
長崎県	485	472	97		0	13	3
熊本県	557	343	62		0	214	38
大分県	807	561	70		0	246	30
宮崎県	452	147	33		0	305	67
鹿児島県	968	965	100		0	3	0
沖縄県	1155	560	48	572	50	23	2
計	30,686	14,734	48	6,729	22	9,223	30

出典）総務省調査2012の個票より筆者作成

○一般職非常勤職員と臨時職員
青森県、静岡県、高知県
○主に臨時職員
北海道、岩手県、福島県、栃木県、滋賀県、和歌山県、岡山県、山口県、香川県、愛媛県

このように一般事務職員を取り出しても、その任用の種類はまちまちで、統一性を見出すことは困難である。ここでは触れないが、政令市においても同様の傾向を示す。

すなわち非正規公務員の任用の種類の適用には明確な基準は存在せず、地方公共団体ごとの任意の判断に基づき、区々に選択されているにすぎないのである。


地方公共団体ごとに区々の任用状況　大分県内地方公共団体の場合

上記の非正規公務員の任用の種類の状況を、県や市町村という地方公共団体の種類別に、冒頭で紹介した非正規公務員の退職手当請求事件があった中津市が属する大分県内の地方公共団体を例にして見たものが、図表7―4の「大分県内地方公共団体における一般事務職員の任用種類別非正規公務員数」である。

やはり非正規公務員の一般事務職員の任用の種類は、同じ職種であるにもかかわらず、同一県内の地方公共団体ごとに区々であるが、概ね以下のような傾向がみられる。
○主に特別職非常勤職員

図表7－4　大分県内地方公共団体における一般事務職員の任用種類別非正規公務員数（2012年）

	合計	特別職非常勤職員	構成比	一般職非常勤職員	構成比	臨時的任用職員	構成比
	人	人	%	人	%	人	%
大分県	807	561	69.5	0	0	246	30.5
大分市	519	194	37.4	22	4.2	303	58.4
別府市	327	0	0.0	251	76.8	76	23.2
中津市	167	95	56.9	0	0.0	72	43.1
日田市	92	0	0.0	0	0.0	92	100.0
佐伯市	156	95	60.9	0	0.0	61	39.1
臼杵市	100	0	0.0	23	23.0	77	77.0
津久見市	71	0	0.0	0	0.0	71	100.0
竹田市	27	16	59.3	0	0.0	11	40.7
豊後高田市	4	2	50.0	0	0.0	2	50.0
杵築市	24	17	70.8	0	0.0	7	29.2
宇佐市	86	0	0.0	43	50.0	43	50.0
豊後大野市	35	11	31.4	16	45.7	8	22.9
由布市	206	0	0.0	0	0.0	206	100.0
国東市	49	0	0.0	0	0.0	49	100.0
姫島村	21	0	0.0	21	100.0	0	0.0
日出町	24	17	70.8	0	0.0	7	29.2
九重町	29	0	0.0	0	0.0	29	100.0
玖珠町	12	1	8.3	11	91.7	0	0.0

出典）総務省調査2012の個票より筆者作成

杵築市、日出町

○特別職非常勤職員と臨時職員

大分県、大分市、中津市、佐伯市、竹田市、豊後高田市

○主に一般職非常勤職員

別府市、姫島村、玖珠町

○一般職非常勤職員と臨時職員

宇佐市

○臨時職員のみ採用

日田市、臼杵市、津久見市、由布市、国東市、九重町

○それぞれを併用

豊後大野市

非正規の一般事務職員を

中津市では特別職と臨時職員で任用し、別府市では一般職としてのみ、日田市では臨時職員としてのみ任用しているが、同じ職にもかかわらず任用の種類が地方公共団体ごとに異なることについて合理的な説明がつくとは考えにくい。

このように同一県内の地方公共団体においてさえ、非正規公務員の任用の種類は区々で、なんら統一性があるものではない。

やはり非正規公務員の任用には明確な基準は存在せず、地方公共団体ごとの任意の判断に基づき、任用の種類が選択されてきたのである。

実態に即した任用の種類の特定

上記の通り、非正規公務員の任用に関して、特別職か一般職か臨時的かは、実際上は、何の基準もなく、地方公共団体ごとに区々であるといわざるを得ない。

採用時の様式を考慮したとしても、たとえば一般職非常勤職員として任用されている者に、受験成績、勤務成績など、客観的な能力の実証による厳格な成績主義に基づき、採用されたという事例は皆無に近く、一般的には自由任用といわれる特別職の非常勤職員の採用時の様式との違いはない。

一方、特別職非常勤職員についても、特別職と一般職とを区分する基準を厳格に適用してその職が特別職の職とされたわけではない。

このように、とりわけ特別職としての任用か一般職としての任用かは、明確に区分されたものではなく、地方公共団体ごとに任意に選択されてきたに過ぎない。しかし当事者である非常勤職員にとっては、その差異は地公法の適用・非適用という法律上の地位に直結し、たとえば不利益な処分を受けた場合の救済手続きが異なるなど、重要な問題に帰することになる。したがって、当事者である非正規公務員の身分や処遇等に係る紛争が生じた場合においては、任用の種類がいかなる名称で行われたかに関わらず、実態に即してその任用の種類を審査し、改めて特定すべきなのである。

二　特別職非常勤職員という任用の発見——非正規公務員史における位置づけ

特別職の調査員・嘱託員の明示、特別職職員の要件の厳格化——一九五二年地公法改正

現行の地公法三条三項三号は「臨時又は非常勤の顧問、参与、調査員、嘱託員及びこれらの者に準ずる者の職」としている。

しかしながら、地公法制定当時の三条三項三号は、「臨時又は非常勤の顧問、参与、及びこれらの者に準ずる者の職」とのみ規定され、特別職非常勤職員として比定される「調査員、嘱託員」の明文の規定はなかった。

同号に「調査員、嘱託員」が加えられたのは、一九五二年六月一〇日法律第七五号の地公法改正による。地公法の任用関係規定の施行日（都道府県・政令市では一九五二年一二月一三日）を控えての改正であった。

改正の趣旨については、「調査員及び嘱託員も、従来は、「これらの者に準ずる者の職」に含まれると解されていたのであるが、比較的職員数が多く、しかも疑問をもつ向もあつたので、これを明らかにす

るため加えられたもの」と説明されている。[2] 一九五二年地公法改正案の国会審議においても、佐久間彊地方自治庁公務員課長は「(地公法制定後)一年間の実施の経験に鑑みて見ますと、「顧問、参与及びこれらの者に準ずる者」というこの「準ずる者」の解釈をめぐりましていろいろ問題が起ったのでありま す。例えば国勢調査のときの統計調査員が一体この「準ずる者」に入るのか入らないのか、或いは学校の講師なり或いは学校の校医、これがこれに入るか入らないかというような問題が起つたのでございます。で、統計調査員にいたしましても、或いは校医、講師にいたしましても、公務員法の規定を一般職として適用することが適当でないと思われたのでございますが、現行法の下におきましてはこれをこの第三号によりまして特別職であると解釈することは不適当である。むずかしいというような事情もございまして、この際更に参与の下に「調査員、嘱託員」という者を例示いたしまして、今申上げましたような解釈の範囲を闡明ならしめるということで改正をいたしたのでございます」とその改正理由について説明している。[3]

地公法制定により、任用の形式は、地公法一七条の正式任用と二二条の臨時的任用の二種類のみとされていた。このため一九五二年の同法の改正によっても、地公法三条三項を任用の形式と捉えようとする考え方は、一切、生じなかった。一九五三年当時に自治庁公務員課長であった山野幸吉は、一九五二年一二月一三日から地公法の任用諸規定が施行することにより、「一般職に属する地方公務員の採用は、今後、同法第一七条の規定にもとづいて競争試験または選考(中略)によるか、又は、一定の事由によって同条による採用ができない場合に最大限一年以内の期間を限って同法第二二条第二項に規定する臨時的任用を行うのか二者択一となったために、従来のごとくいわば漫然と職員を雇用しえなくなったこ

と」とし、また、地公法三条三項三号の規定は「極めて制限的に解釈されている」と付言している。(4)

前章で指摘したように、戦後直後の混乱期から、地方公共団体では、民法上の雇用契約に基づく勤務関係にある嘱託員の利用範囲を拡大し、常勤職員である吏員や雇員と同様の勤務形態に服する者を大量に発生させていた。

一方、一九五一年施行の地公法は、嘱託員であれ非常勤職員であれ、雇用形態に関わらずすべての地方公務員を公法上の勤務関係とし、かつ、その任用は一七条の正式任用か、二二条の臨時的任用のいずれかに限定するものであった。

このため地公法施行直後から、地公法三条三項三号の「顧問、参与及びこれらの者に準ずる者」という この「準ずる者」に従前の嘱託員が含まれるのか否かの解釈をめぐり、さまざまな問題が生じていた。そして、地公法の所管課である当時の地方自治庁公務員課は、すべての職業的公務員を一般職の公務員とする一方、地公法の制定後における特別職と一般職の区分要素、とりわけ従前の嘱託員の位置づけを特別職とする場合の要素についての考え方を確立していった。

一九五二年の地公法改正前後における通知や行政実例によれば、地公法三条三項三号の特別職の嘱託員に該当する要件は、次のようなものとしている。(傍線はすべて筆者による)

○臨時または非常勤の学校医(昭二六・二・六　地自乙発第三七号　東京都学校医会長あて　地方自治庁次長回答「学校医の身分関係に関する質問書について」)

回答　学校医の職は、それが臨時又は非常勤のものである限り地方公務員法第三条第三項第三号の規定により、特別職に該当する。教育委員会から任命されている学校医の職は、その勤務態様からして非常勤であり嘱託的性質のものであると解せられる。従つて地方公務員法第三条第三項第三号の「これらの者に準ずる者の職」に包含されるものと解する。

○市町村立公民館の役職員（昭二六・三・三〇　委社第四〇号　各都道府県教育委員会、都道府県知事あて　文部省社会教育局長、地方自治庁次長通知）

一　公民館長について

㈠　常勤の館長は、一般職に属し、且つ、「有給の職員」であること。

㈡　非常勤の館長は、地方公務員法第三条第三項第三号に該当する特別職に属し（中略）「有給の職員」でないこと。

二　その他の職員について

㈠　常勤の職員は、一の㈠の場合と同様、一般職に属するものであること。

㈡　非常勤の職員も、原則として、一般職に属する（後略）。

○町村の部落駐在員（昭二六・三・一二　地自公発第六三号　佐賀県総務部長あて　公務員課長回答「町村の部落駐在員について」）

回答　町村の部落駐在員は、地方公務員法第三条第三項第三号の「これらの者に準ずる者の職」に該当し、特別職に属する。

○地方公務員法上の教育長の職（昭二六・三・一三　地自公発第六六号　吉原市長あて　公務員課長回答「地方公務員法に係る教育長の職について」）

照会　地方公務員法第三条の規定に依れば、教育長は一般職とみなされるが、教育委員会法においては、地方公務員法が例示のごとく適用されぬ場合もあり、特別職とみなされる事項がうたわれております。

(例示) 一(第四一条第三項)教育長の任期は四年とする。但し再任することができる。

二(教育委員会施行令第一九条)教育長については官吏の分限に関する規定を適用しない。

回答 教育長は、一般職に属する地方公務員であり、ただその職務と責任の特殊性に基づいて、他の職員と異なる特例的規制を受けるものであるのにすぎない。

○養蚕農業協同組合の職員に蚕業技術普及員を委嘱した場合、当該職員の身分(昭二六・三・一三 地自公発第七二号 鳥取県総務部長あて 公務員課長回答「地方公務員の範囲について」)

照会 一 県の蚕業普及員設置要領に基づき、養蚕農業協同組合の職員に蚕業技術普及員を委嘱し、当人の受ける給料の一部を月手当として支給している場合、この職員は、地方公務員の職に属するかどうか。

二 属するとすれば一般職に属するか、特別職に属するか。

回答 一 地方公務員である。

二 それが臨時又は非常勤の職である場合には、特別職に属する。

○市の町内嘱託員(町世話人)の職(昭二六・五・一 地自公発第一七九号 福岡市長あて 公務員課長回答「地方公務員法の実施に関する件」)

照会 三 町世話人(市の市民に対する通知等を町内に回覧徹底する所謂市と市民の連絡員としての職務を有し、受持一世帯につき月五円の手当が支給されているものである。)は、特別職の地方公務員とみなして差し支えないか。

回答　三　お見込みのとおり。

なお、海区漁業調整委員会の書記（昭二六・六・二〇　地自公発第二五六号）、市町村立図書館長（昭二六・四・二六　自治公発一七四号）、環境衛生監視補助員（昭二七・九・二〇　自行公発第五一号）は一般職に属するとしている。

上記のさまざまな通知、行政実例からは、特別職の嘱託なるものとは、一義的には、①臨時又は非常勤職であることであるが、あわせて②職業的公務員でない非専務的な職であることを要件としている。なお、③無給の名誉職が基本だが、給料の一部である限りにおいて手当支給は許される。そしてこれらの要件を満たさないものは、すべて一般職の職員として判定された。すなわち一般職とは、常勤であることを第一義の要件とし、あわせて有給で、職業的公務員としての専務的な職であることを要件としていた。さらに、非常勤であっても職業的勤務であれば一般職として認められた（上記、非常勤の公民館職員の例）。

なお、特別職か一般職かの判定に、有期任用か無期任用かは関わらない（上記、教育長の例）。

地公法三条三項三号に規定する「非常勤の顧問、参与、調査員、嘱託員およびこれらの者に準ずる者の職」を特別職として、地公法を適用しないこととした理由について、行政実例は、「法第三条第三項に掲げる職員の職は、恒久的でない職または常時勤務することを必要としない職であり、かつ、職業的公務員の職でない点において、一般職に属する職と異なるものと解せられる」と説明している（昭三五・七・二八　自治丁公発第九号　茨城県人事委員会事務局長あて　公務員課長回答)。一九五二年の地公法改正時の特別職に係る解釈が、八年経過した時点の行政実例でも追認されている。

このように、地方公務員の範囲や一般職か特別職かを区分する要件をめぐって生じた問題に関して、地公法の所管官庁として解釈をまとめていく延長で、一九五二年の地公法三条三項三号に調査員ならびに嘱託員を明記するという改正があった。その背景には、かつての吏員とは身分的に差別され、雇用契約に基づき勤務する嘱託員の存在を極力絞り、民主的公務員制度の確立の趣旨を徹底させることがあった。したがって、地公法三条三項三号に位置づけられる特別職の嘱託員の要件は限定的となり、およそ地方公共団体に職業的公務員として勤務する者は、これを一般職の地方公務員として位置づけることとしてきたのである。

また、民主的な地方公務員制度を確立するためには、何よりも、メリット・システム(成績主義)に基づく新たな人事制度が必要と考えたからである。その点で、地公法三条三項三号に「調査員、嘱託員」の文言を入れることは、一面では、「特別職の範囲を拡張し、メリット・システムの対象となる地方公務員の範囲が減少するということである。その意味において、特別職の範囲の拡張については、地方公務員法の狙いと照らし合わせて、その慎重な取扱いが要求される」[5]と考えたからでもあった。

民主的公務員制度の根幹を揺るがす事態を懼れたからこそ、特別職の拡張は慎重にならざるをえなかった。

一七条の正式任用か二二条の臨時的任用のみであることの再確認

一九五〇年代の後半に惹起した「臨時職員」問題は、前章でも詳述したように、その内実は、任用根拠が曖昧で、任期の定めのない、常勤職員と勤務態様が変わらない、常勤的非常勤職員の問題だった。

そして、地公法制定とその後の経過において、地公法三条三項三号の特別職非常勤職員である嘱託員の職の要件が狭まる中で、一九五五年の地方公務員給与実態調査で露になった常勤的非常勤職員の任用の種類をどのように考えるべきかが論議の対象となっていた。

一九五七年当時、東京都人事委員会任用部長だった佐々木英夫は、「臨時職員」の任用問題について、次のように触れている。

「いわゆる臨時職員とは、その名称、給与、職務内容のいかんを問わず地方自治法一七二条一項に規定する「その他の職員」（当時の条文内容――引用者）で、任用期間の定めがあり、一般に定員外職員として雇用されているものを総称しているもののようである(6)」

「このような臨時職員の法律上の地位については、種々論議せられてきたが、臨時職員は地公法第三条にいう一般職に属する職員であり当然地公法の適用を受けることとなるが、地公法による職員の任用は同法第一七条によるか第二二条によるかの二者択一以外に方法がないので、この両条のどちらの適用をうける職員とみるべきかが問題とせられた」「臨時職員の大部分を占める一年以上にわたつて雇用されているものは、第二二条の臨時職員ということはできない。そうすれば第一七条一項に属する職員ということになるが、この職員の任用に期限を付することができるかの疑問に対し、行政実例は、労働基準法一四条に違反しない限り期間を限つて採用ができる場合があるものと解し、恒久の職員の職への職員の任用は特別の事情がない限り（当該職員の職が一年以内に廃止されることが明らかな場合）その期間を限定せずして行われるべきであるとした[7][8]」

佐々木論文では、この記述に続けて、人事委員会または公平委員会に対する「臨時職員」の措置要求に係る主要な判定等を掲載している[9]。「臨時職員」の任用の分類に関しては次のような判定があった。

○山口県人事委員会判定要旨（昭三〇・三・一〇）（地方公務員人事判定集、第四集三二頁）

一．要求者らのように一般職員と同様な勤務内容をもち、勤務年限も長く、職務が継続している職についている職員は、地公法十七条の任命方法による職員であると解される。

○愛媛県人事委員会判定要旨（昭三〇・九・八）（地方公務員人事判定集、第四集五九頁）

一．法第十七条によつて任用された常勤の職員は、少なくとも臨時の職以外の職に任用されたものというべく、これは定数内の職員として措置すべきものであるから、同じく法第十七条により任用された期限付き職員とてこの例外ではありえない。

また、一九五九年に発行された『地方公務員制度論　自治論集XIII』では、「臨時職員」の任用の種類について、関係者間で次のように語られている[10]。

柳瀬良幹東北大学教授（当時――引用者）今枝君、臨時職員の雇い方は、臨時的任用ですか。

今枝信雄自治庁公務員課長（当時――引用者）この表（一九五五年の地方公務員給与実態調査のこと――引用者）にあがつている九万三千人の任用の形式は、二十二条の臨時的任用と、それから十七条の期限付職員とがあります。これは柳瀬先生よくご存知の問題で、山形県で裁判になつているのがあります[11]。これは十七条で正式に任用する場合に期限を付することができるかというむつかしい問題があるわけなのです。それはとにかくとして、任用の形は十七条の期限付任用と二十二条の臨時的任用、この二つになつております。

地公法制定後一〇年を経過する中で惹起してきた「臨職問題」とは、実は、常勤的非常勤職員問題であった。そして常勤の正規職員と同じ勤務態様である常勤的非常勤職員は、一般職に属することを至極当然のものとしていた。それゆえに、任用の形式が「二十二条の臨時的任用」か、それとも「十七条の期限付」かという二者択一の問題として受け止められていたのである[12]。

したがって、当時においては、少なくとも職業的な公務員の職に就く常勤的勤務態様の職員を、地公法三条三項三号の特別職として任用するということは想定外のことであった。

地公法三条三項三号「特別職非常勤職員」という任用の形式の発見

前章で指摘したように、一九六〇年を挟み、一九五〇年代後半から六〇年代初頭にかけ、国・地方を通じて、大量の定員化・定数化措置が行われ、公務員制度の根幹を揺るがす常勤的非常勤職員ともいわれる定数外職員は、一旦は、解消されたかのごとく認識された。

だが高度経済成長とともに行政需要は拡大し、それを処理するため、地方公共団体では定数外職員である臨時・非常勤職員を新たに任用し続け、その人数も増加していった。

さらに一九七五年に地方財政危機が表面化する中で、人件費削減圧力が高まり、その結果、支払われ

図表７－５　自治労組織基本調査　臨時・非常勤職員・嘱託等職員数の推移

（単位：人、％）

	臨時・非常勤・嘱託等職員数	前回比増減	対前回増減率	対正規職員（組合対象職員+管理職）比　％
1980.12.1	88,020			6.0
1983.12.1	40,596	−47,424	−53.9%	6.0
1986.12.1	183,416	142,820	351.8%	11.0
1990.6.1	200,890	17,474	9.5%	13.4
1994.6.30	234,657	33,767	16.8%	14.1
1997.6.30	270,690	36,033	15.4%	15.6
2000.6.30	311,767	41,077	15.2%	17.7
2003.6.30	356,072	44,305	14.2%	20.2
2006.6.30	399,985	43,913	12.3%	22.3

出典）各年の自治労組織基本調査より筆者作成

る報酬や賃金が人件費に換算されず、かつ安価な労働力である臨時・非常勤職員が多くの自治体で採用されることになった。

地方公務員の非正規公務員に関する統一的な政府統計は、残念ながら、一九六〇年代から二〇〇五年に至るまでの間、公表されているものはない。唯一、全日本自治団体労働組合（自治労）の「組織基本調査」（三年に一度）と、地方自治体で働く臨時・非常勤職員のアンケート調査の集計である「臨時・非常勤・パート職員レポート」（第一回は一九九一年、第二回は一九九七年で、以後、不定期に実施）が、唯一、当該職員に係る調査であるが、これも自治労加盟の単位組合が存在する地方公共団体を中心とするものである。

まず、「組織基本調査」により状況を把握しよう（図表７―５参照）。

第一回の組織基本調査は、一九八〇年一二月一日を基準日として実施され、臨時・非常勤職員数は八万八〇三〇人であった。正規職員に対する臨時・非常勤職員の比率は六％であった。

これが一〇年後の一九九〇年六月一日を基準日とする第四回組織基本調査になると、臨時・非常勤職員数は二〇万〇八九〇人で、対正規公務員比は一三・四％と、数の上でも構成比率の上でも倍以上に増えている。

さらに二〇〇〇年六月三〇日を基準日とする第七回組織基本調査では、臨時・非常勤職員数は三一万一七六七人、対正規公務員比は一七・七％、二〇〇三年六月三〇日を基準日とする第八回組織基本調査では、臨時・非常勤職員数は三五万六〇七二人、対正規公務員比は二〇・二％となっていた。

これら臨時・非常勤職員の任用の形式は、地公法上の条文のどこに求められていたのであろうか。この点については、ますます統計調査はないが、「臨時・非常勤・パート職員アンケート調査」にその一端が現れている。

一九九一年五月に実施した同調査では、サンプル数一万〇三〇七人のうち、雇用形態が「（常勤の）臨時職員」六六・五％、「非常勤職員」二八・四％、「非常勤の臨時職員」四・二％と回答しているが、地公法上の任用の条項を知らされているかについては、集計者数の七九・五％が「知らない」と回答し、任用条項を知らされている臨時・非常勤職員では、地公法三条三項三号が四・四％、地公法一七条が一・六％、臨時職員が六・八％と答えている。この時点では極めて曖昧なまま任用されていた。(13)

一九九七年四〜五月に実施した「臨時・非常勤職員のアンケート調査」では、サンプル数一万五八六六人のうち、「臨時職員」四四・四％、「非常勤職員・パート職員」四七・七％と回答し、「臨時職員」と「非常勤職員」はほぼ拮抗する状況に変化していた。地公法上の任用の条項を知らされているかについては、集計者数の七〇・一五％が「知らない」と回答していた。（任用の条項に関する回答状況は公表されていない）。

このように臨時・非常勤職員の任用の形式が曖昧なままとなっていった要因の一つとして、一九六一年・一九六二年の「定数外職員の定数化」措置が、どのような職が定数内の対象となる職であるかの基準を示さないまま、現に常勤職員と同様の職にあるものを定数繰入の対象としたことと無縁ではない。つまり、非常勤職員の職とは、どのような職であるかを定義づけなかったのである。

たとえば国では、最近まで、常時勤務に服しながら任用予定期間内で日々雇用される職員と、常勤職員の週勤務時間の四分の三を超えない範囲内の勤務時間を勤務する職員を、非常勤職員として括っていた。ここには異なる要件が混在し、前者は「有期任用」を「非常勤」とし、後者は「パートタイム」であることを「非常勤」としている。

これは地方公務員制度でも同様で、たとえば自治法一七二条三項は、臨時職員と非常勤職員を定数外職員とするとしているが、やはり、臨時職員、非常勤職員とは何かの明示的な定義はない。

このような曖昧さから、一九六一年・一九六二年の定数繰入措置後においても、増大する行政需要に対して、定員内の人員でこれを処理することができかねると、自治法一七二条三項により定数外職員とみなされる臨時職員や非常勤職員を安易な方法で任用し、その人数も、上記の組織基本調査で見たとおり、一九八〇年の臨時・非常勤職員数八万八〇三〇人が、二〇〇三年には三五万六〇七二人へと、二三年間で四倍以上に、対正規職員比も二〇％以上へと膨らんだのである。

その一方で、一九六一年・一九六二年の定数繰入措置後においては、定数外職員が発生することのないよう、また「任用制度、とくに臨時的任用制度の運用を厳格に行う必要がある」[14]と厳しく指導されてきたため、地方公共団体では定数外職員を任用するに際し、臨時職員については任用の空白日ないし空白期間を置くことにより継続した勤務期間が形式上一年を超えることのないような運用をはじめた。[15]また、非常勤職員については、「厳格化」のもとで地公法二二条の臨時職員として採用することはできず、さりとて、その採用方法が試験や選考を経ない自由任用的採用であるという経過から、地公法一七条所定の期限付きの正式任用とすることもできなかったため、任用の形式を明らかにしないまま任用するという事態が広まっていった。まさしく、鹿児島重治が指摘するように、「両条の埒外で安易に任用された『第三の地方公務員』」という状況が現出してきたのである。

ただしここで注意すべきは、一九七〇年に『逐条地方公務員法』の第一版を著した鹿児島重治においても、「両条の埒外での安易な任用」という認識はあったが、地公法三条三項三号による特別職としての任用があるとは考えていなかったのである。

では、地公法三条三項三号に基づく特別職非常勤職員による任用とその問題性に係る認識は、いつごろ意識され始めただろうか。

一九九二年一二月、当時、自治省公務員課長の任にあった中川浩明は、臨時・非常勤の職員の区分には、①地方公務員法一七条を任用根拠とする職員（「非常勤の一般職」）、②二二条を任用根拠とする職員（「臨時職員」）、③三条三項三号の職員（「非常勤の特別職」）の三つがあり、「実態を見ると、任用根拠等があらかじめ、法の定めるところにより明確にし、きちんと運用を行っているものの他に、いずれの根拠に該当するのか、不明確のまま任用が行われている事例もあるといわれている」と述べている。[16]

これに続き、中川浩明は、「三条三項三号の特別職の任用に当たっては、一般職に必要とされる成績主義（メリットシステム）を排除し、その者の持つ特定の学識、経験に着目して行われることを前提としているが、そのような法の要求する要件に十分に配慮された運用となっているか疑問」と指摘した。

これより前においては、地方公共団体の職員による、特別職非常勤職員としての任用の問題性の指摘がある。

たとえば東京都総務部の職員であった小原昇は、一九八五年、「非常勤職員については、特別職の非常勤職員に関しての規定が地公法三条三項三号として設けられるが、一般職の非常勤に関しては、その存在を前提としたと思える規定（同法二二条一項、二五条三項五号）も存在するが、法律上明確でない。そこで、「非常勤の職といえば特別職」と思い込んでいる人事担当者も見受けられる状況があるやに聞いている」と指摘した上で、「（地公法三条三項三号）は、一般職か特別職かの区分を明定したに過ぎないのであり、任用根拠または手続きまでを定めた規定であるとは読み得ない。（中略）厳密に解釈する限り、非常勤特別職の任用根拠は不明といっても差し支えないのではなかろうか」と述べている(17)。

実は、地公法三条三項三号の特別職を制度的に明示した運用は、意外にも、非常勤職員に関してではなく、一九八五年の定年制度導入前における再雇用制度の任用の形式として、一九八〇年代前後にいくつかの自治体ではじまったようである(18)。

公務員の定年退職制度は、国・地方を通じ、一九八五年三月三一日に導入されたが、再雇用制度は定年制導入前の勧奨退職者の受け皿としてはじまったものである。制度発足の経過から、勧奨退職に応じて退職した者のうち希望する者を、全員、再雇用するという制度設計となり、このため成績主義の原則を適用除外とするため、地公法三条三項三号の特別職として採用するという制度としたようである。

特別職非常勤職員という任用の形式は、一九六〇～一九八〇年台にかけて徐々に増加してきた臨時職員・非常勤職員の任用に係る明確な基準がない曖昧な状況の中で、再雇用制度における特別職採用を援用する形で、あえて任用の形式を問われれば、成績主義の適用のない地公法三条三項三号ではないかという安易な考えのもとで広まっていったものと考えられる。

その過程は、一九六〇年代初頭までの地公法制定の趣旨に沿った運用から徐々に逸脱していく過程でもあった。

三　制度官庁における特別職非常勤職員に対する認識

公務員法の趣旨に反し、安易な形で広まってきた地公法三条三項三号を任用の形式とする特別職非常勤職員に対し、制度官庁である自治省や総務省は、どのような認識でいたのだろうか。これを一九九〇年代後半以降に制度官庁に設置されてきた地方公務員制度に係る審議会の報告から辿っていく。なお、傍線はすべて引用者による。

(1)　地方公務員制度調査研究会「地方自治・新時代の地方公務員制度――地方公務員制度改革の方向」（一九九九年四月二七日）

旧自治省に設置された地方公務員制度調査研究会（会長：塩野宏成蹊大学法学部教授〈当時〉）の報

告書「地方自治・新時代の地方公務員制度——地方公務員制度改革の方向」(平成一一年四月二七日)では、当時の非正規公務員に係る課題について、「地方公共団体における任用の実態をみると、同様の事務にたずさわる臨時・非常勤職員であっても地方公共団体によって任用根拠が異なる場合があるほか、必ずしも任用根拠が明確でない事例もあると指摘されている。さらに、臨時的に任用された職員等が、繰り返し任用されることによって、事実上、常勤職員と同一の勤務形態となっている事例もあるとの指摘もみられる」との認識を示したうえで、今後の改革の方向として、「現行制度の趣旨に沿った運用を徹底すべきとし、「現に地方公共団体において任用されている臨時職員や非常勤職員の任用や処遇の実態と現行の臨時的任用や非常勤職員に関する制度との間には乖離がある」ことから、まずは、「現行の制度である1)特別職である臨時又は非常勤の顧問、参与等(地公法三条③Ⅲ)、2)一般職である非常勤職員(地公法一七条)、3)一般職の臨時的任用(地公法二二条②)について、それぞれの本来の趣旨に沿った運用を徹底する必要がある。特に、任用根拠が不明確な非常勤職員についてはその位置付けの明確化を図るべきである」[19]とした。

(2) 分権型社会における地方公務員の任用制度のあり方等に関する検討会「分権型社会にふさわしい地方公務員の多様な任用制度の実現へ向けて」(二〇〇二年九月)

上記の改革の方向性を実現する方策を検討すべく、その後、総務省に設置された分権型社会における地方公務員の任用制度のあり方等に関する検討会(座長:高橋滋一橋大学大学院法学研究科教授)の報告書「分権型社会にふさわしい地方公務員の多様な任用制度の実現へ向けて」(平成一四年九月)では、新たな任用制度の選択肢として、一般職の任期付(短時間勤務)職員任用制度を提案するとともに、問題が多いと認識されていた地公法三条三項三号に基づき任用される臨時・非常勤職員に関して、「特定の学識・経験に基づき任用される者と解釈され」「職業的公務員とは異なり地方公務員法の適用になじまないことから、引き続き特別職の臨時・非常勤職員とする」ものの、「成績主義や服務規定が適用されないため、業務の種類や性格によっては、特別職の臨時・非常勤職員を従事させることは必ずしも適当でない場合もある。そこで、特別職の臨時・非常勤職員の制度趣旨にかんがみ、これを特定の学識・経験に基づいて任用される非専務的な性格の強い者に限定する方策を検討」すべきであるとした[20]。

(3) 「地方公務員の短時間勤務の在り方に関する研究会報告書」(二〇〇九年一月二三日)

二〇〇八年に総務省に設置された地方公務員の短時間勤務の在り方に関する研究会(座長:高橋滋一橋大学大学院法学研究科教授)の報告書「地方公務員の短時間勤務の在り方に関する研究会報告書」(平成二一年一月二三日)では、二〇〇八年四月一日を基準日に実施された「臨時・非常勤職員に関する実態調査」結果を踏まえ、臨時・非常勤職員の任用等に関する諸課題として、「特別職非常勤職員でありながら、いわゆる事務補助のような特定の学識経験を必要としない業務に従事している例や、一般職の常勤職員と同様の業務に従事している事例がある」と指摘し、「現に地方公共団体で任用されている臨時・非常勤職員の任用の実態と、現行の臨時・非常勤職員が想定している制度との間には乖離がある」との認識を改めて示した[21]。「実態と制度との乖離」という認識は、一九九九年の地方公務員制度調査研究会でもすでに述べられており、一〇年経た二〇〇八年段階でも、状況は変わらないどころか、むしろ深化していたことが示されている。そして、臨時・非常勤職員の任用等の在り方に関する対応の方向性については、その本来在るべき位置づけに帰すべきとし、特に、特別職非常勤職員については、

「そもそも特定の学識・経験を必要とする職に、自らの学識・経験に基づき非専務的に公務に参画する労働者性の低い勤務の態様が想定されており、それゆえに地方公務員法の適用を除外されていることに十分留意し、各地方公共団体においては、職務の内容が一般職の職員と同一と認められるような者や、勤務管理や業務遂行方法において労働者性の高いものについては、特別職として任用することが妥当なのかという点について吟味すべきである(22)」との考え方を示した。

このように、旧自治省・総務省に設置された各種研究会では、臨時・非常勤職員の任用は「実態と制度との乖離」が著しく、その是正のため任用根拠ごとの相違に留意して制度本来の趣旨に合致するよう任用根拠を改めるべきであり、とりわけ特別職非常勤職員については、学識・経験に基づき非専務的に公務に参画する労働者性の低い勤務の態様が想定されているのだから、一般職の職員と同一の職務に就く者や、勤務管理や業務遂行方法において職員性や労働者性の高い者について、特別職として任用することは妥当ではない、としているのである。

特別職非常勤職員の任用の厳格化に関しては、二〇〇九年の報告書と同趣旨の内容の通知「臨時・非常勤職員及び任期付短時間勤務職員の任用等について」(総行公第二六号、平成二一年四月二四日)が、総務省自治行政局公務員部公務員課長ならびに給与能率推進室長名で各地方公共団体宛に発出された。

また、二〇一四年七月四日にも、今度は公務員部長名で、各地方公共団体宛に取り扱い通知(総務省通知二〇一四)が発出され、その中で、特別職非常勤職員について以下のように記した。

「特別職の非常勤職員については、主に特定の学識・経験を必要とする職に、自らの学識・経験に基づき非専務的に公務に参画する労働者性の低い勤務態様が想定され、地公法の適用が除外されているものであることを踏まえ、適切に運用されるべきである。

職務の内容が補助的・定型的であったり、一般職の職員と同一と認められるような職や、勤務管理や業務遂行方法において労働者性の高い職については、本来、一般職として任用されるべきであり、特別職として任用することは避けるべきである。」

特別職非常勤職員とは何か

特別職非常勤職員とは何であるかについて、ここまで述べてきたことをまとめ、本章まとめにかえることとする。

① 特別職非常勤職員の淵源を辿れば、旧憲法下の身分制的な公務員制度における嘱託制度に遡る。雇員、傭人、嘱託といわれる職員らは、官吏や吏員とは身分的に区別された存在として、民法上の雇用契約によって都道府県または市町村に雇用されるものとして取り扱われていた。

② 一九五一年施行の地公法は、その二条で、地方公務員とは地方公共団体のすべての公務員をいうと定義し、旧憲法下の吏員以外のその他の職員である雇員、傭人、嘱託も含め、地方公共団体のすべての公務員を一律に扱うこととした。

そして任用の形式に関しては、地公法一七条の正式任用と、地公法二二条の臨時的任用の二つのうちいずれかという制度となった。

③　制定時の地公法三条三項三号は「顧問、参与及びこれらの者に準ずる者」とのみ規定され、この「準ずる者」に従前の嘱託員が含まれるのか否かの解釈をめぐり、さまざまな問題が生じた。そして、地公法の所管課である当時の地方自治庁公務員課は、すべての職業的公務員を一般職の公務員とする一方、地公法の制定後における特別職と一般職の区分要素、とりわけ従前の嘱託員の位置づけを特別職とする場合の要素についての考え方を確立していったが、その要点は、「法第三条第三項に掲げる職員の職は、恒久的でない職または常時勤務することを必要としない職であり、かつ、職業的公務員の職でない点において、一般職に属する職と異なるものと解せられる」（昭三五・七・二八　自治丁公発第九号茨城県人事委員会事務局長あて　公務員課長回答）というものである。

④　地公法制定とその後の経過において、地公法三条三項三号の特別職非常勤職員である嘱託員の職の要件が狭まる中で、一九五〇年代後半以降において焦点化し、一九六一年・一九六二年の定数化措置によって一応の決着をみた「臨職問題」――正確には常勤的非常勤職員の問題――において、これら常勤的非常勤職員の任用の類型をどのように理解するかが議論の対象となった。

当時の地方公務員人事制度に関わる関係者においては、常勤の正規職員と同じ勤務態様である常勤的非常勤職員は、一般職に属することを至極当然のものとし、それゆえに、任用の形式が「二二条の臨時的任用」か、それとも「一七条の期限付」かという二者択一の問題として受け止められていた。したがって当時においては、少なくとも職業的な公務員の職に就く常勤的勤務態様の職員を、地公法三条三項三号の特別職として任用するということは想定外のことであった。

⑤　大量に発生していた定数外職員を定数内化したにもかかわらず、公務員制度の根幹を揺るがす常

勤的非常勤職員は、その後も地方公共団体において新たに任用され、その人数も増加していった。一九八〇年から二〇〇三年にかけての二三年間で臨時・非常勤職員数は四倍以上に、対正規職員比も二〇％以上（地方公務員の六人に一人は非正規公務員）へと膨らんだ。定数外職員が発生することのないよう臨時的任用制度の運用を厳格に行うという制度官庁の指導環境のもと、両条の埒外で安易に任用された『第三の地方公務員』という状況が現出してきたが、あえて任用の形式を問われれば地公法三条三項三号ではないかという安易な考えのもと、特別職非常勤職員という任用の形式が広まっていった。

この過程は、一九六〇年代初頭までの地公法制定の趣旨に沿った運用から逸脱していく過程でもあった。

⑥　公務員法の趣旨に反し、安易な形で広まってきた地公法三条三項三号を任用の形式とする特別職非常勤職員に対する制度官庁の見解は、従前の通り、一般職の職員と同一の職務に就く者や、勤務管理や業務遂行方法において職員性や労働者性の高い者について、特別職として任用することは妥当ではない、とする考え方を堅持している。

⑦　現状の地方公共団体における非正規公務員の任用状況は、同じ職種でありながら、地方公共団体ごとに任用の類型（特別職非常勤職員、一般職非常勤職員、臨時職員）の適用が異なるなど、実質上において何ら明確な基準は存在せず、地方公共団体ごとの任意の判断に基づき、区々に選択されているにすぎない。

⑧　特別職としての任用か、一般職としての任用かは、当事者である非常勤職員にとっては、地公法の適用・非適用という法律上の地位に直結し、たとえば不利益な処分を受けた場合の救済措置が異なる

など、重要な問題に帰することになる。

したがって、当事者である非正規公務員の身分や処遇等に係る紛争が生じた場合においては、任用の種類がいかなる名称で行われたかにかかわらず、実態に即してその任用の種類を審査し、改めて特定すべきである。

(1) 総務省の調査には、東京都は臨時職員〇人としている。これは総務省の非正規公務員の調査対象が、六か月以上勤務(見込み)で、東京都では臨時職員の任期を期間二ヵ月として運用していることから、総務省調査の対象とならなかったことによる。実際、東京都知事部局における二〇〇八年四月の一ヵ月間の任用者数は特別職非常勤職員五七八八人のほか、臨時職員一二三五人が任用されており、合計七〇二三人である(「(東京都)地方公共団体の短時間勤務の在り方に関する研究会説明資料(平成二〇年八月二五日)」総務省「地方公務員の短時間勤務の在り方に関する研究会報告書」(平成二一年一月二一日)五八頁以下)。さらに臨時教員の存在もある。東京都教育委員会では、臨時教員の任用について四月一日をはさんで数日間を任用期間としない(いわゆる空白期間)運用を行っているため、総務省調査の調査基準日である二〇一二年四月一日は、臨時教員の任用数がゼロということになった。
なお、東京都では、二〇一五年四月一日から、専務的非常勤職員を特別職から一般職採用に切り換えた。
(2) 角田禮次郎『地方公務員法精義』学陽書房、一九五五年、三四頁以下。
(3) 参議院地方行政委員会・昭和二七年四月二日会議録。
(4) 山野幸吉「地方臨時職員の待遇問題」『ジュリスト』三八号(一九五三・七・一五)、一八〜二〇頁。
(5) 角田禮次郎『地方公務員法逐条解説追補　改正点の解説』学陽書房、一九五二年、一六頁。

(6) 佐々木英夫「東京都における臨時職員の現状とその取扱いについて」『都市問題』四八巻六号(一九五七・六)、三九頁。

(7) 行政実例(昭和三一・二・一八 自丁公発第二六号 京都市人事委員会事務局長あて 公務員課長回答「任用期間の定めのある職員に関する疑義について」)で、次のように質疑応答されている。「**照会** (一)地方公務員法第一七条第一項の規定により職員を任命する場合、労働基準法第一四条の規定に違反しない限り、任用期間を限定してさしつかえないこととされているが、かかる期間の定めのある職員の任命は、期間の定めのある職に対してのみに限られるものと解すべきか。(二)(一)然りとすれば、本来恒久的な職に対して期間の定めのある職員を任命することは、違法とはならないか。**回答** 恒久的な職と認められる職についいては、特別の事情のあるものを除き、雇用期間を限定して職員を任命することは適当ではないと解する。

(8) 佐々木前掲注(6)、四〇頁。

(9) 佐々木前掲注(6)、四一~四二頁。

(10) 地方自治研究会『地方公務員制度論 自治論集XIII』大阪府地方課、一九五九年、三三頁以下。

(11) 東郷小学校(山形県人事委員会)事件、最三小判昭三八・四・二(民集一七巻三号四三五頁)を指す。

(12) 鹿児島重治は、これら「臨時職員」の任用の二者択一問題について、次のように語る。「これらの常勤的非常勤職員または定数外職員は、本法(地公法——引用者)第一七条第一項の規定により期限付きで正式任用されたものとも、本条(地公法二二条——引用者)第二項又は第五項によって臨時的に任用された者が事実上法の範囲を超えて継続的に任用されてきたともいわれるが、実際はこのような明確な意識の下に任用されたのではなく、両条の埒外で安易に任用された「第三の地方公務員」とでもいうべきものであるように思われる。」『逐条地方公務員法』学陽書房、一九七〇年、二六四頁。なお「両条の埒外で安易に任用された「第三の地方公務員」という認識が広まるのは、一九六〇年代後半になってからだと考えられる。

(13) 自治労「臨時非常勤職員レポート」一九九一年発行。桐井義夫「増大した自治体臨時・非常勤職員の現状――急がれる制度見直しの検討」『労働経済旬報』一四六〇号(一九九二・三・二〇)も参照。

(14) 鹿児島前掲注(12)、二六五頁。

(15) 兵庫県教育委員会では、臨時教員に関して、年度を超えて繰り返し任用する場合でも、年度末に任用の空白日ないしは空白期間を設けて形式上の退職をしたこととし、退職手当を支払うという運用を一九六二年より始めていた。本文に記述した「臨時的任用制度の運用を厳格」化と無縁ではない。

(16) 中川浩明「新時代の地方公務員制度の一断面」『地方公務員月報』(一九九二・一二)、三〜四頁。

(17) 小原昇・薬師寺克一『地方自治体における非常勤・臨時職員の活用と運用実務』総合労働研究所、一九八五年、七頁・三六頁。

(18) 東京都板橋区では、一九五九年に「板橋区再雇用職員設置要綱」を定め、退職公務員を「特別職の非常勤の職の職員」とした(要綱二条)。

(19) 地方公務員制度調査研究会『地方自治・新時代の地方公務員制度――地方公務員制度改革の方向』(平成一一年四月二七日)二二頁以下。

(20) 分権型社会における地方公務員の任用制度のあり方等に関する検討会『分権型社会にふさわしい地方公務員の多様な任用制度の実現へ向けて』(平成一四年九月)一六頁。

(21)『地方公務員の短時間勤務の在り方に関する研究会報告書』(平成二一年一月二三日)一〇頁以下。

(22) 注(21)報告書、二〇頁以下。

第8章　非正規公務員と任用の法的性質

長期にわたり継続して自治体に任用されてきた非正規公務員が、任期の更新を希望していたにもかかわらず、任期満了とともに更新を打ち切られるいわゆる雇止め問題は、非正規公務員問題の中心的課題である。そして、雇用継続を求めて起こされた数多くの雇止め訴訟では、公務員の勤務関係は労働契約関係ではなく公法上の任用関係であり、任命権者の任用行為がない以上、公務員としての地位を継続させることはできないとして、雇止めにあった非正規公務員の地位確認の請求を認めてこなかった。

たとえば、中野区（非常勤保育士）事件（東京高判平一九・一一・二八、判時二〇〇二号一四九頁）で、東京高裁は「実質的にみると雇止めに対する解雇権濫用法理を類推適用すべき程度にまで違法性が強い事情の下に、被告は、原告らの期待権を侵害した」と認定したにもかかわらず、雇用継続に関する請求は認めなかった。その理由は、非正規公務員を含めた公務員の勤務関係は公法上の任用関係にあり、公務員の任用は行政処分としての任命権者の任用行為によってなされるものであるから、任命権者の任用行為がないにもかかわらず、「解雇権濫用法理を類推して、再任用を擬制する余地はない」というものであった。

臨時・非常勤職員に限らず公務員の勤務関係は、「公法上の任用関係」であって、公務員となるには行政処分たる任命権者の任用行為を要するとの考えは、「判例として確立している」という状況とも称される。(1)

だが、公務員法制定時から、このような考え方が取られていたわけではない。

公務員法制の所管官庁である旧自治省や人事院の官僚等が代々執筆してきた地公法や国公法の解説書（以下、「官庁コンメンタール」という）でも、種々の見解が取られ、少なくとも公務員法制定当初は、「公法上の契約」という考え方がとられていた。この点で「公法上の行政処分としての任用行為」という捉え方は、戦後公務員制度の基本構造に何ら変更が加えられないにもかかわらず、任用行為の法的性質を行政処分とするとの解釈変更を積み上げて形成してきた歴史的産物といえよう。

さらに、今日では、「任用行為の法律上の性格を究明することの実益はすくない(2)」、「法律上に格別意義のない論争(3)」という見解も維持されている。

だが、長年にわたり常勤の正規公務員と同じ仕事に従事し、民間の労働法制の適用であれば解雇権濫用法理を類推適用すべき非正規公務員に対する雇止めが、任用の法的性質が「行政処分としての任命権者の任用行為」という解釈のみに立脚して許容され、雇止めされた非正規公務員の雇用継続の期待権を一顧だにしないという苛烈な環境を前に、任用行為の法律上の性格を究明することの実益は少ないなどと済ませられるものなのか。むしろ、六〇万人以上にまで増大し、多くの地方公共団体で勤務する職員の三人に一人は非正規公務員であるという今日においてこそ、任用の法的性質を究明することは喫緊の課題となっていると考えるべきだろう。

一 明治憲法下の任用行為に関する理解
――「同意を要する公法上の一方行為」と「公法上の契約」との対立

日本の行政法は、明治憲法時代においては大陸法のモデル、特にプロイセンの行政法を模範とした[4]。そのもとで公務員の勤務関係の法的性質の伝統的な理論は、ドイツ公法学とりわけオットー・マイヤー行政法学から導入されたもので、特別権力関係理論と呼ばれるものである。

たとえば美濃部達吉は「国家と官吏との関係は公法上の特別関係の一種なり。国家は官吏に対し使用主としての特別の権力を有し、官吏は之に服従する義務を負う[5]」（原文はカタカナ並びに旧字体の表記だったものを、ひらがな並びに新字体に改めた。以下同じ）とし、「特別の権力関係とは特別の法律原因に基づき当事者の一方が相手方に対し一定の範囲において命令し強制する権利を有し、相手方はこれに服従する義務を負う二主体間の法律関係を謂う」「特別権力関係の最も普通なものは国又は公共団体とその相手方たる個人又は団体との間に生ずる関係で、それが公法上の特別権力関係である[6]」としている。

明治憲法下の学説は、公務員の勤務関係は公法上の特別権力関係のもとにあることを前提としつつも、「任用」がどういう法的性質を持っているかについては概ね二説に分かれていた。一説は同意を要する公法上の一方行為とみるもの、もう一説は、公法上の契約とみるものであった。

(1) 同意を要する公法上の一方行為説　渡辺宗太郎『改訂日本行政法上改訂版』弘文堂、一九三七年

公法上の同意を要する一方行為説を唱えた論者として渡辺宗太郎が挙げられる。渡辺は、「特定人との間に官吏関係を発生せしめる為の特別の選任行為を、官吏の任命といふ」とし、そして「官吏の任命行為は、任命せられる特定人の同意あることをその効果発生の要件(7)」であるとして、同意を要する一方的行為説を採った。また、都道府県に勤務し都道府県で採用されていた公吏についても、「任命は官吏の任命と同様に、本人の同意あることを要件として公共団体の一方的行為に依り特定人との間に公吏関係を発生せしめる行為(8)」であるとした。

同意を要する一方的行為と公法上の契約との差異については、次のように述べる。すなわち「官吏の任命行為が現実の効果を生じ得る為に任命せらるる個人の同意を必要とすることから、任命行為の性質を以て公法上の契約の一種であるとする見解がある。(中略)併し従順忠実に勤務するを要する関係をその本質とする官吏関係の設定行為は、性質上契約の概念を以て説明せらるべきものではない。蓋しかくの如き絶対的勤務関係は、対等関係に於ける意思表示の合致を以て形成し得られる性質のものでなく、従てこの場合の私人の同意には契約の構成部分としての意思表示の品質を認むるを得ないからである。官吏の任命は天皇又はその御委任を受けたる行政官庁が一定の形式に於て行う一種の行政処分である。唯任命行為たる行政処分は一般行政客体としての人の自由の制限に関するものであり、而かも係る処分を行い得ることに関する法の根拠を欠くが故に、其れが現実の効果を生じる為の要件として、かかる法の根拠に代わるべきその相手方たる私人の同意の意思表示を必要とするに過ぎない」(9)(傍線は引用者に

よる)。

渡辺説は、従順忠実に勤務することを要する絶対的勤務関係を設定する任用行為は、使用者・被使用者双方の対等関係における意思表示の合致で形成されるものでなく、一種の行政処分により成立すると説いている。また同意を要するのは、行政処分たる任用に関する法の根拠がないためであると説明した。

(2) 公法上の契約説　美濃部達吉『行政法撮要上巻第五版』有斐閣、一九四二年

一方、官吏・公吏の任命を公法上の契約と唱えた論者として、美濃部達吉が挙げられる。美濃部説は、公法上の特別権力関係の一つとして公法上の勤務関係を挙げ、さらに公法上の勤務関係の例として発生原因別に次の三種を挙げる[10]。

1　公法上の契約に基づく場合　一般の官吏及び有給の公吏
2　受諾の義務ある公法上の契約に基づく場合　市町村の名誉職吏員
3　国家の単独の意思に依るもの　現役兵または戦時事変に際し招集中の兵

さらに、行政行為と公法上の契約との差異については、行政権の単独の意思によって成立するものを行政行為といい、相手方との合意により成立するものを公法上の契約というとしたうえで[11]、「官吏関係の設定につき本人の同意を必要とする以上は双方の意思がその行為の成立要素を為すものと解することは論理上の必然」であって、「形式上は本人の同意は全く外形に現はるることなく、国家が一方的に辞令書を発すると雖も、この如き形式は民法上の雇傭契約たることの更に疑いなき大銀行大会社等の使用人の採用に於ても等しく取らるる所にして、この如き形式を以て行為の性質を判断することを得ず」、したがって、「官吏関係の設定は受任者の意思と国家の意思とを共にその行為の成立要素と為すものにして、国家の単独の意思に依りて成立するに非ず。約言すれば任官は国家と受任者との間に於ける公法上の契約なり」[12]と説く（傍線は引用者による）。

つまり、公務員の勤務関係の成立要件は、使用者・被使用者の双方合意であり、そうであれば公法上の契約というべき、というものである。

二　私法上の雇傭関係に準ずる公法上の契約
——地公法制定時の任用行為の法的性質に関する理解

(1)　地公法の制定と任用の形式

一九五〇年一二月一三日公布（法律第二六一号）、一九五一年二月一三日施行の地公法は、その二条で、「地方公務員とは地方公共団体のすべての公務員をいう」と定義し、吏員以外の雇員、傭人、嘱託員等のその他の職員も含め、地方公共団体のすべての公務員を一律に扱うこととした。任用の形式に関しては、地公法一七条の正式任用と、地公法二二条の臨時的任用の二つのうちいずれかという制度となった。

地公法制定を受け、自治法一七二条は、「地公法の制定に伴う関係法律の整理に関する法律」により一九五一年に条文全体が改正され、一項は「前一一条に定める者を除く外、普通地方公共団体に必要な吏員その他の職員を置く」（傍線部は引用者）というように、吏員に加えて「その他の職員」を規定した。これにより、吏員であれその他職員であれ、自治法上、地公法上の勤務関係において両者が区別して取り扱われずに、すべてが「地方公務員」として括られ、地公法制定以前のような、公法上の勤務関係と私法上の雇傭契約という区分がなくなった。

そうすると次には、任免、特に任用の法的性質をどのように捉えるかが問題となった。

(2) 私法上の雇傭関係に準ずる公法上の契約

地公法二条にいう「地方公共団体のすべての公務員」の意義に関して、官庁コンメンタールとして初出の逐条解説である藤井貞夫『地方公務員法逐条解説』(一九五〇年)では、次のようにいう。

「旧憲法下の公務員制度は、いわゆる官公吏制度であって、官吏及び公吏のみが、国又は地方公共団体に対して、公法上の勤務関係に立つ者であるとして、これらの者の身分取扱に関しては、一応の法的規制がなされていたのであるが、これらの者以外の、雇傭人または嘱託というような者は、私法上の雇傭契約に基づく者であるとされ、従って、官公吏法令は、これらの者には適用されなかった。それが、国公法の制定によって、先ず、国家公務員について、その区分がなくなった。(中略)地方公務員については、地方公務員法の制定がおくれていたために、地方公務員たる、雇傭人、嘱託等の身分を持つ職員の身分取扱は、今日まで法的に放置されていたのであったが、地方公務員法の制定によって、漸く、この問題が解決され、今や、一般職に属する限り、吏員たると、雇傭人、嘱託たるとを問わず、この法律が適用されることになったのである[13]」(傍線は引用者による)。

藤井コンメンタールは、地公法の成立により、吏員たると、雇傭人、嘱託たるとを問わず、すべての地方公務員が公法上の勤務関係に立ち、明治憲法下のような身分的区分は廃されたとし、その意義を強調した。

だが、藤井コンメンタールは、公務員の勤務関係の法的性質に触れていない。

この点につき「公法上の契約」と明言したのが、自治庁公務員部長等を歴任し、後に大平、鈴木、中曽根の三内閣にわたって内閣法制局長官を務め、最高裁判所判事も歴任した角田禮二郎の『地方公務員法精義』（一九五五年）であった。角田コンメンタールは、地公法二条にいう「地方公共団体のすべての公務員」について、「各種の地方公共団体との間に私法上の雇傭関係に準ずる公法上の契約によつて、勤労を地方公共団体に提供する関係にある者をいう」（傍線は引用者による）としたうえで、次のように続けた。「公的色彩の強いものであるかどうか、公権力の行使に直接関係のあるものであるかどうかというようなことは、地方公務員であるかどうかを判定する基準ではない。要するに、その担当する事務が、地方公共団体の事務とされている限り、その事務に従事する者は、すべて地方公務員である。その事務に従事する態様も、地方公務員であるかどうかの判定の基準にならない。たとえば、極めて臨時的なものであつても、あるいは、非常勤であつても、地方公務員であることには変りはない。いわゆる『日々雇用される者』についても、地方公共団体に雇用される限りにおいては地方公務員である」としている。(14)

角田コンメンタールでは、地方公共団体の事務に従事する者は、常勤、臨時、非常勤等の勤務態様にかかわらず、すべて地方公務員であり、その勤務関係の法的性質は「私法上の雇傭関係に準ずる公法上の契約によつて、勤労を地方公共団体に提供する関係にある者」と明記したのである。

角田が「私法上の雇傭関係に準ずる公法上の契約」としたのには伏線があり、地公法より先に制定されていた国公法における任用行為の法的性質に関する理解が、国公法制定当初のコンメンタールで、「公法上の契約」説を取っていたからである。

たとえば、初代人事院総裁浅井清が著した『国家公務員法精義』には、次のように記されていた。

「国家公務員法一〇五条は、『職員は、職員としては、法律、命令、規則又は指令による職務を担当する以外の義務を負わない。』と規定する。明治憲法時代の官吏が、無定量の義務を負うものとされていたのと反対に、服務の定量性を明らかにしたものと言いうる。明治憲法時代には、官吏の任命行為を、公法上の契約とする学説の外に、本人の同意を要件とする国の単独行為とする学説も有力であったが、この服務の定量性を認める以上、単独行為説を取ることは困難であろう[15]」

官吏に対して無定量の義務を負わすことができたのは、明治憲法時代は、公務員という身分と公務という職が分離され、官吏には公務員という身分が先に付与され、次に職を割り振るという任官補職制度が採られていたからである。しかし、現憲法下の公務員制度では、一定量の公務という職があり、これについたものを公務員とすると変更されたことから、任用行為の法的性質は、明治憲法時代と異なり、公法上の契約と考えざるを得ないとしたものである。

浅井清の『国家公務員法精義』は一九六〇年と一九七〇年に全訂されたが、上記の記述は、そのまま残されている。すなわち、一九七〇年段階まで、任用行為は「公法上の契約」と理解されていたのである。

三　同意を要する行政行為説への解釈変更

このように地公法制定当初は、官庁コンメンタールにおいても、公務員の勤務関係は公法上の契約であり、したがって任用は、両当事者間の合意に基づく契約と解されていた。

しかし、その後の官庁コンメンタールは、次第に公法上の契約説を採用しなくなる。

(1)　今枝信雄『逐条地方公務員法』（一九六三年）

角田禮二郎の後を受け、地公法のコンメンタールを執筆したのが、自治省行政局公務員課長等を歴任し、一九六三年から自治大学校長に就任していた今枝信雄である。

今枝は、一九五九年に角田コンメンタールの改訂版、一九六一年に同第二次改訂版を今枝信雄著で発刊している。改訂版、第二次改訂版とも、任用行為の法的性質に関しては、「私法上の雇傭関係に準ずる公法上の契約」[16]との角田コンメンタールの記述をそのまま残している。

今枝は、一九六三年に自身が執筆した『逐条地方公務員法』を発刊しているが、この段階になると、任用行為の法的性質について角田コンメンタールと異なる説明をしている。すなわち「任用行為の法律上の性質は行政行為ないし行政上の処分と解されている。ここにいう行政行為ないし行政上の処分とは、公法関係において、ある法律関係を具体的に規律するために、行政機関が優越的な意思の発動としておこなう行為を意味するもの」とした。しかしこれに続けて、学説上は種々の見解があるとして、㈠一方的行政行為説、㈡受諾を要件とする行政行為説、㈢双方的行政行為説、㈣公法上の契約説の四つに分類し、このうち、現憲法下においては、「国または地方公共団体の意思と公務員になろうとする国民の意思とが合致することによつて成立するものと考えることが妥当」であることから、㈢双方的行政行為説、㈣公法上の契約説の二つが有効と考えられるとした。だが、いずれの考え方が妥当かは、「個人の意思をもつとも尊重する立場に立てば、公法上の契約説が妥当し、任用行為の行政行為としての特性に重きを置く立場に立てば、同意を要件とする行政行為説が妥当」であるに過ぎず、「現実の人事行政においては、実定法の定める規定に従つて処理されるべきであるから、任用行為の法律上の性格を究明することの実益はすくないといわざるを得ない」と述べた[17]。

今枝は、一九六五年に増補版、一九六六年に第三次改訂版を発刊しているが、上記の記述に関し、変更は加えられていない。

⑵　鹿児島重治『逐条地方公務員法』（一九七〇年）

今枝の後を受け、地公法コンメンタールを執筆したのが、自治省公務員第一課長、行政課長を歴任し、当時、消防庁次長であった鹿児島重治であった[18]。

鹿児島コンメンタールでは、職員の任用に関して、「二つの重要な問題がある。その一は任用行為の性質に関する論議であり、その二は、成績主義の原則の確立である」とした。

そして前者の任用行為の性質に関しては、行政法学上の行政行為である説と、公法上の契約であるという説との対立があるが、実定法からみた場合には、「相手方の同意を要する行政行為」と考えるべきであろうとし、その理由として以下の例を挙げている。

①　公務員の身分は分限規定によって保障され、自由な合意、契約としての取り扱いがなされていな

いこと（たとえば、定年制は法律事項とされ、一方的な契約解除の自由がないこと）

② 労使対等の原則の適用がないこと（労基法二条の適用除外（地公法五八条三項）。なお、企業職員と単純労務職員には適用がある）

③ 公務員の服務について相当に包括的な支配を行うことが公務秩序の上から望ましいと考えられること（とくに行政権限を行使する職員等）

④ 裁判所も特別権力関係を認めていること

⑤ 任用について行政不服審査および行政訴訟が認められていること

鹿児島は、①の身分保障と②労使対等原則の排除を一対のものと考えており、企業職員と単純労務職員が、労使対等原則に基づく団体協約権を有していることから「その採用は契約的色彩が強い」とし、また企業職員と単純労務職員に身分保障の規定が適用されていることについて、「法理論的に充分整序された身分取扱いがなされていない」と述べる。ここから鹿児島は、労働基本権の制約が少なく、このため概ね労働諸法により勤務関係が規律される者の任用を契約関係と捉え、一方、労働基本権が制約され、このため公務員諸法によりその勤務関係が規律される者の任用を行政行為と捉えていたようである。

さらに鹿児島コンメンタールの特徴は、特別権力関係論を積極的に評価している点である。すなわち、「最高裁判所の判例（最高裁昭三五・一〇・一九判決）は、特別権力関係の存在を前提として、その内部の行為については、自由裁量の範囲を逸脱し、またはそれに基づく権限を濫用しない限り、司法審査の対象にならないとしている」ことを取り上げ、「特別権力関係を認めることが現在の有権解釈」としたうえで、「(行政）内部の行為は任命権者の自由裁量に属し、たとえば、職員の分限処分や懲戒処分に際し、どのような具体的処分を選ぶか、職員の昇任、転任の実施、職員に対する身分上の命令（法三二参照）などは、それが裁量権の逸脱、濫用にわたらない限り、任命権者が自由に行うことができるものと考えられる」と述べた[19]。

鹿児島コンメンタールは、一九九六年まで六回の改訂を行っている。一九九六年に発刊された第六次改訂版で行政手続法についての記述が付加されているほかは、任用部分に関しては初版の記述を変更していない。第六次改訂版で付加された行政手続法に関する記述では、公務員の職務または身分に対してなされる処分および行政指導については行政手続法が適用されないことを捉え、「これは特別権力関係内部の身分取扱いは、一般的な公正性、透明性が求められている一般権力関係における行政と異なることによるもの」と、この時点でもなお特別権力関係説に固執した説明を行っている[20]。

この間（一九七〇年以降）の国公法コンメンタールの動向を見ると、戦中に内務省に入省し、戦後は労働省各課、中央労働委員会次長、人事院公平局長、職員局長を歴任した中村博が、一九七六年に『国家公務員法』（第一法規）を発刊している。同書では、任用の法的性質について「相手方の同意を要件とする特殊の行為[21]」とのみ記した。

続いて一九八八年には、人事院の職員が分担執筆した『逐条国家公務員法』が発刊する。同書は、人事院事務総長に転任していた鹿児島重治のほか、森園幸男（人事院任用局長）、北村勇（人事院任用局審議官）の編集によるものだが、任用の法的性質に関する記述に関しては、鹿児島の地公法コンメンタールの記述内容をそのまま引き写し、公法上の特別権力関係における「相手方の同意を要する行政行為」と考えるべきとした[22]。

だが、一九七〇年中葉にはすでに特別権力関係論は、学説上も、司法上も破棄されていた。たとえば、後述するように、公務員の勤務関係を公法上の特別権力関係としていた行政法学者である田中二郎は、一九七六年に発刊した『新版行政法中巻全訂第二版』の中で、「現行実定法に関する限り、特別権力関係の観念を容れる余地は殆ど存しない」と自説を改めていた。(23) また、これに先立ち、自衛隊車両整備工場事件・最高裁判決（一九七五年二月二五日）でも、原審の特別権力関係との理由のみをもってした判決を破棄していた。(24) しかしそれから一〇年を経過した一九八〇年代中葉に編集された『逐条国家公務員法』ならびに二〇年を経過した一九九六年になって改訂された鹿児島コンメンタールでも、公務員の勤務関係に関して特別権力関係に基づく説明を行っている。(25)

官庁コンメンタールというものの硬直した思考を指摘せざるを得ない。

(3) 橋本勇『新版逐条地方公務員法』（二〇〇二年）

鹿児島の死去後、地公法コンメンタールを新版として執筆したのが、自治省の各課を歴任し、自治大学校教授等を経て、一九八六年から弁護士として活動していた橋本勇であった。(26)

橋本コンメンタールになって、「地方公務員の勤務関係を特別権力関係という言葉で説明されることがあるが、最近は、単に公法上の関係として説明されることが普通となっている」と述べ、ようやく特別権力関係論からの脱却が図られる。(27)

しかしそれ以外の記述は、鹿児島コンメンタールを踏襲し、行政行為説と公法上の契約説の対立があるが、実定法からみた場合には、「相手方の同意を要する行政行為」と考えるべきとしている。ただし、その理由については、特別権力関係論を取らないこととの整合性から、鹿児島コンメンタールでの例示を若干修正し、①公務員の身分は分限規定によって保障され、自由な合意、契約としての取り扱いがなされていないこと、②労使対等の原則の適用がないこと、③服務上の義務が法定されていること、④任用の根拠となる法律（自治法一七二条二項、地方教育行政の組織及び運営に関する法律一九条七項等）が任命という用語を使用していること、⑤任用について行政不服審査および行政訴訟が認められていること等を挙げている。（傍線部が、鹿児島コンメンタールとの変更箇所。引用者による。）

また、二〇〇三年七月の地方独立行政法人法公布後の第一次改訂版では、企業職員および単純労務職員ならびに地方独立行政法人職員の採用は契約的色彩が強いとしつつも、「公法上のものであると言わざるをえない」[28]と記述し、橋本コンメンタールは、公法私法二元論に立脚していることを明らかにしている。

さらに、第二次改訂版では、二〇〇七年二月公布の労働契約法に係る記述を付加し、「ちなみに、平成一九年法律一二八号として成立した労働契約法は、地方公務員（一般職と特別職の双方を含む）については適用されないこととされている」[29]ことを紹介し、実定法は公務員の任用は労働契約ではないことに立脚しているとの考えを示唆している。

橋本コンメンタールは、二〇一四年に第三次改訂版を発刊しているが、任用の法的性質に関する記述は、第二次改訂版のそれに変更を加えていない。

四　任用の法的性質をめぐる学説の推移

官庁コンメンタールにおける任用の法的性質の解釈に関しては、上記のような推移を経てきたが、この推移に少なからず影響を与えてきたのが、学説上の見解である。これも時代の変化とともに、その力点の置き所が変化している。

任用行為の法的性質に関する学説上の代表的見解は、①公法上の行政行為説、②公法上の契約説、③労働関係法理に基づく契約説、④実定法の合理的解釈説に加え、現在においては⑤行政契約説も唱えられている。

(1)　特別権力関係における公法上の勤務関係　相手方の同意を有効要件とする行政行為

戦後行政法学において、公法私法二元論を代表してきた田中二郎は、公務員の勤務関係は公法上の特別権力関係における勤務関係であり、その下における任用行為の法的性質は、自ら一定の包括的支配関係に服することの承認を意味する相手方の任意の同意に基づく行政行為であるとした。したがって「公務員は、必ずしもいちいち法律の規定に基づくことなく、公務員としての義務を果たさせるために必要な特殊の制限（例えば居住地の制限、服装の制限等）を受ける」ものとする。[30]

特別権力関係とは、公法上の特定の目的のために必要な限度において、特定の者に、包括的な支配権が与えられ、特定の者がこの支配権に服する場合であることを指し、法治主義の原理の適用が排除される。このような特別権力関係の例の一つとして、田中二郎は公法上の勤務関係であるところの「国家公務員の国に対する、又は地方公務員の地方公共団体に対する勤務関係」を挙げた。

さらに、特別権力関係を成立原因から区分し、直接法律に基づく場合（強制入院、公共組合への強制加入）と相手方の同意（国立大学への入学、公務員の任命）に基づく場合とがあるとしたうえで、相手方たる当事者の同意に基づく場合は、更に任意の同意に基づく場合（公務員の任命、大学の入学）と、法律によって義務づけられた同意に基づく場合（学齢児童の就学）とに分けられるとした[31]。

このような論理展開から、田中二郎は、公務員の任用の法的性質を、特別権力関係における同意を要する行政行為としたのである。

ただし、非正規公務員を含めたすべての公務員の任用を特別権力関係における同意を要する行政行為とすべきと考えていたわけではなく、戦前の公務員制度と同様に、吏員に擬せられるべき非現業の正規公務員は同意を要する行政行為でしかるべきだが、現業職の職員や臨時職員に関しては、私法上の雇用関係とすべきと考えていたようである。

たとえば、一九四七年の国公法改正法案の公聴会に公述人として招かれた際、田中二郎は、国公法が公務員法の適用範囲を拡大したことについて、「実際上の観点から必ずしも妥当ではない」とし、「臨時的な、あるいはパート・タイムの職務に従事する者についての特別的な扱いというものも必要でありましょうし、単純な労務の提供というようなものについては、これを一般職として拘束するよりは、むしろかなり実際の事情に応じて自由に使い得るような形を取る方が妥当ではないか。その意味におきまして第二条の末項、第七項でありますが、政府又はその機関と外國人との間において挙げられておりますと諒解をむしろ拡張して、個人的基礎において、一定の契約関係が認められるということになる方が妥当

ではないか」と述べている。(32)

さらに、一九五四年三月に閣議決定により設置された公務員制度調査会において、田中二郎が中心となってまとめられた「公務員制度の改革に関する答申」(一九五五年一一月一五日)では、概要、次のような提言がされた。

○国家公務員は、国家行政組織の恒常的組織要員として、私法上の雇傭関係に立つ者として処理せしめるに適しない公的色彩の強い国の事務・事業に、恒常的に、従事すべきものである。

○現行国公法は、すべての職員を、政府の任命行為に基づき、国民全体のために奉仕すべき特別の勤務関係にたつ国家公務員とするとしているが、これを改め、委員、顧問等の非常勤職員は、国家公務員に属しない者とし、また単純な労務に従事する者ならびに臨時職員は国公法の適用から外して、私法上の雇傭関係に立つものとする。

○臨時職員、単純な労務に従事する者は、現行法上の厳重な諸制約を解除又は緩和して、労働基本権及び労働条件については、おおむね五現業職員(当時)のそれに準じ、法律でこれを規制する。

この答申を受け政府は法案作成作業に入ったが、関係省庁間の意見の相違で成案を得ることはできず、国会提出は断念されることとなった。(33)

このように田中二郎は、任用の法的性質は公法上の特別権力関係における同意を要する行政行為だが、それが適用される公務員は現行制度より狭くすべきで、臨時職員等は私法上の雇傭契約により勤務関係が成立するものと改めるべきと考えていた。

(2) 公法上の契約説

上記の公法私法二元論を前提とした特別権力関係における「相手方の同意を有効要件とする行政行為」に対し、「公法上の契約」説を唱えたのが鵜飼信成である。鵜飼は、「国家公務員法は、近代的契約関係の立場に基本的には立っている」とし、この立場から、国家公務員に支給される俸給も、「勤務に対する反対給付たる性質を本来持っている」とした(34)。そして任用の法的性質に関しては、ドイツの学説史を参照しつつ「公法上の契約」であるとし、その内容は、いわゆる附合契約で、「雇用主である国家が一方的に決定したところを、公務員は承諾するか否かを表明し得るに過ぎないことになる」としている(35)。また、「使用者と公務員とが、個別的に、もしくは団体的に、勤務条件について協定を結ぶことの可能性は否定でき(ず)、(中略)契約の内容に向けられた公務員たるべき者の意思表示があるということが、この概念の要素」だとしている(36)。

田村浩一も、鵜飼と同様に、公務員関係の性質を公法上の契約関係とする。ただし、「それはいわゆる行政作用法に見られる公法関係そのものではなく、行政組織法内部における特別な法律関係である(37)」と説く。そして特定の個人に公務員の地位を与え、国または地方公共団体との間に公務員関係を設定する行為である任用行為の法的性格については、「公務員関係を組織法的観点からとらえるという立場で考えると、公務員の任用行為は、行政組織法における行為であり、従来のごとく、作用法的観点において、行政処分か否かを論ずることには問題(38)」があるとした。

(3) 法令によって規律された特殊な労働契約関係

上記の見解に対し、公務員関係とは、「全部的に法令によって規律された特殊な労働契約関係(39)」と説いたのが、室井力である。

室井は、「公務員も自己の労働力の処分権を相手方に継続して委ね、かつ相手方の指揮の下で従属的労働に服し、相手方がこれに対して給与その他の報酬を支払うのであり、さらに、公務員になるかならないかは本人の自由であり、両当事者の意思の一致なしには公務員関係は成立しない」[40]という点は、その基本的な権利義務関係において私的労働契約関係と何らの根本的相違はない、とする。ただ「『公務員は全体の奉仕者』であり（憲法一五条二項）、またその相手方が行政主体であり、かつ公務員が行政を担当する者であるところから、公務員法が、私的労働契約にみられないような特殊の規律を設けている」[41]に過ぎないとし、これを特別権力関係における同意つきの行政行為であるとする考え方を批判した。そして結論として「公務員関係は、基本的には対等当事者間の労働契約関係」と把握できるものとしている。[42]

この説では、公務員関係を公法関係という必要はなく、任用行為の法的性質も任命権者による行政行為たり得ず、基本的には労働契約関係であり、ただ公務員は特殊の法的規律下にあるに過ぎないとするものである。

また、公務員の勤務関係は労働契約関係であることを法制史から説いたのが濱口桂一郎である。濱口は戦後直後の法制定史を取り上げる。第一に戦後公務員法の原点はアングロサクソン型の法システムを基盤とし、公務員であれ民間企業労働者であれ、雇用契約であること自体には何ら変わりはないことを前提としており、制定時点では、戦前の公法私法二元論に立脚した身分制システムとは断絶したはずであった、という。にもかかわらず、「官僚たちの頭の中に生き続けた公法私法二元論は、アメリカ型公務員概念をドイツ型官吏概念に引きつけて理解させていった。その結果、公務部門で働く者はすべて（ドイツ的、あるいは戦前日本的）官吏であるという世界中どこにもあり得ないような奇妙な事態が生み出されてしまった」と説く[43]。第二に労基法を取り上げ、同法一一二条は一九四七年の制定以来今日まで、「この法律及びこの法律に基づいて発する命令は、国、都道府県、市町村その他これに準ずるべきものについて適用あるものとする」と規定しており、また、労基法制定時の国会答弁資料では「官吏関係は、労働関係と全面的に異なった身分関係であるとする意見もあるが、この法律の如く働く者としての基本的権利は、官吏たると非官吏たるとに関係なく適用せらるべきものであつて、官吏関係に特有な権力服従関係は、この法律で与えられた基本的権利に付加さるべきものと考える」としていることを紹介する[44]。

非現業国家公務員は労基法が適用除外だが、非現業地方公務員は現在でも労基法が適用され、同法「第二章　労働契約」のほとんどの条項、とりわけ一四条一項の「契約期間の上限」、二〇条の「解雇の予告」も適用されることから、労基法は「非現業地方公務員が労働契約で就労し、解雇されることを当然の前提として規定」し、適用除外になっている条項は集団的労使関係の特殊性から排除されるものであって、「就労関係自体の法的性格論（公法私法二元論）から来るものではない[45]」と説き、したがって公務員の勤務関係は、現在でも労働契約であると結論づける。

(4)　実定法の合理的解釈論

行政法の伝統的学説では、任用行為の性格について、論争すること自体実益がないとするものが多い。たとえば、特別権力関係説を改め、単に公の勤務関係として公務員のそれを捉え返した後の田中二郎は、任用行為の法的性質に係る論争は、「法律上に格別意義のない論争で（中略）、任用行為の法律上の性質は、その実態に即し、『相手方の同意を要件とする特殊の行為』と考えるべき」としている。[46]また塩野宏も、「勤務関係について、法令の支配が広く及んでいる現行法制のもとでは、特別権力関係説であれ、労働契約関係説であれ、解釈論としては、機能する余地は余りな」く、その意味では、勤務関係の性質については、制定法によって規律された関係として捉え、個別の解釈論に際しても、その制定法の趣旨目的の合理的解釈に努めれば足りるということになる、としている。[47]

これが実定法の合理的解釈論と呼ぶものである。

塩野は、実定法の合理的解釈から、任用行為の法的性質を行政処分としている。その根拠として、公務員関係の成立行為である任用行為をめぐってどのような訴訟を提起するかは制定法に直接の手掛かりはないが、「勤務関係の消滅（免職）に関しては制定法上に処分的構成が取られていることからすると、制定法は、この関係の早期安定性の確保を期待していると考えられ、その意味では、消滅行為と同様に成立行為も処分として構成していると解するのが素直[48]」であるとする。

そしてさらにこの解釈を発展させ、「公務員関係の成立・消滅の任命権者の側からみた行為形式が行政処分であること、転任及び配置換えが不利益にあたるときには、免職処分等の不利益処分と同じく行政上の不服申立としての不利益審査が認められることなどからすると、転任、配置換えを全体として行政処分とみるのが素直[49]」としている。

塩野宏の実定法の合理的解釈論は、全般的に、任用をめぐる法律上の争訴につきどのような訴訟が提起されるか（行政不服審査および行政訴訟が認められていること）という出口部分から公務員関係の入口部分に遡及し、任用は行政処分とするのが素直と解釈している。

(5) 行政契約説

二一世紀に入り、非正規公務員の雇止めをめぐって注目すべき判決[50]が出され、これが任用行為の法的性質論の再検討を迫り、新たな地平を切り開いている。

下井康史は、「公務員関係も両当事者の合意を基礎に成立することを踏まえれば、その基本は契約関係」と見るべきで、勤務条件法定主義との整合性は、「法令による規律密度の高い契約関係」と解することで説明可能とする。また、従来、任用行為が行政処分とされてきたのは、勤務関係の消滅行為たる免職が処分である以上、成立行為たる任用も処分として構成していると解するのが素直であると解されてきたに過ぎず、実体的には公務員関係は両当事者の合意を基礎に成立し、「『公権力性』が認められない以上、たとえ処分であっても、行政行為ではなく行政契約に分類されるべき」とする[51]。

櫻井敬子は、中野区（非常勤保育士再任拒否）事件の東京高裁判決が、公務員の勤務関係は公法上の任用関係にあり、公務員の任用は行政処分としての任命権者の任用行為によってなされるものとした点を批判し、「本件判決は（中略）行政処分と契約が二者択一の関係にあると単純に理解されている。（中略）仮に、本件任用行為を行処処分と解するとしても、そのことは当該任用関係の性質をもって契約と解することを理論的に妨げるものではないため、そこには契約的要素ないし『当事者の意思』を読み込む余地がなお存在する」[52]として、下井と同様に、公務員の勤務関係を契約関係とする。一方で、本判決が立脚する公法私法二元論的思考を鋭く批判しつつ、公務員の任用契約を民間労働者の雇用契約と同一視することは妥当でなく、「公務員法制のもとで妥当性をもつ契約を想定するべき」[53]と説く。どのような契約が公務員法制のもとで妥当性を持つのかについては触れていないが、一方当事者を行政主体とする行政契約を想定しているものと推定される。

公務員の勤務関係に関して行政契約説に連なる見解を示していた者として山田幸雄がいる。山田は、「公務員の勤務関係には、部分社会における規律権・支配権という意味での身分法的関係と、雇傭契約という市民法的な関係という二つの面が存在する複合的な法構造を示す」とするが、当該雇傭契約は、公務員の全体の奉仕者性や、不利益処分に関する審査請求という特別の機構が存することから、公法契約であるとしていた(54)。

五　任用行為の法的性質に関する裁判例の系譜

非正規公務員の雇止めに関する裁判例に限定して、任用行為の法的性質を司法がいかに見てきたかを概観すると、官庁コンメンタールの解釈や学説の変動に歩調を合わせるようにその考え方を変化させてきたことがわかる。変化のベクトルは、概ね、「公法上の契約」から「行政行為」への流れである。(なお、以下の本文上の傍線はすべて引用者による。)

(1)「公法上の契約」時代(〜一九七〇年代中葉)

任期を付して任用された非正規公務員の雇止め訴訟において、裁判所は、当初、公務員の勤務関係を「公法上の契約」と捉えていた。また、採用の成立要件に関しては、当事者間の明示の同意ばかりか黙示の同意も認めていた。しかし一九七二年以降は、任用行為の厳格な要式行為論が登場する。

①　勤務関係は公法上の契約、明示又は黙示の同意による採用を許容

ア　解職意思表示無効確認請求事件（福井地判昭二七・九・六、行集三巻九号一八二三頁）は、日々雇用職員の現業国家公務員として建設の現業に従事していた原告が、国家公務員法・人事院規則に基づき解職処分を受けたことにつき、処分の取消を求めて出訴した事案である。福井地裁は、「国家と国家公務員との関係は、公法上の契約関係であるから、この関係を終了せしめる行政庁の意思表示が行政上の処分行為的法律効果を伴う行政処分であることというを俟たない」と判示した。

イ　東郷小学校（山形県人事委員会）事件（山形地判昭三二・一・一六、民集一七巻三号四四三頁）は、勧奨退職した教員が、数回にわたり任期一年の嘱託教員として採用された後、任期の更新がなされずに雇止めにあった事案につき、法に明文の規定のない任期付任用は違法であることを主張して出訴したものである。山形地裁は、公立学校の助教諭若くは講師の身分は、教育公務員特例法により、地方公務員として任免、分限、懲戒及び服務等について規制を受け、公法的規律に服するもので、したがってその任命行為は公法上の契約に属するものというべきであるが、助教諭若くは講師の任用期間を一箇年と定めて採用することについては、地公法五八条、労基法一四条に照らし、妨げないものと解すると判示した。

同事件の控訴審である仙台高判昭三六・八・二三（民集一七巻三号四四八頁）では、仙台高裁は契約の側面をさらに強調して、従前の助教諭及び講師の身分上の取り扱いは、いわゆる官吏や吏員とは異なり、地方公共団体の雇用人同様私法上の雇用契約類似の不利益な取り扱いを受けていたことが窺われるから、山形県教育委員会が控訴人を助教諭に任用するに際し一年の期限を付したことは何ら違法な措置ではなかったと判示した。またこれに付記し、「控訴人はこれを辞職の特約と解し、公法上の契約にあつては、その明文で認められない事項を内容とする契約はすべて無効であると主張するが、公法上の契約によつて法の明文に抵触する内容を定めることは許されないが、法の明文に抵触しない限り、公法上の契約を否定すべきでない」としている。

ウ　俸給請求事件（札幌地判昭三四・五・一一、行集一〇巻五号一〇〇五頁）は、林野庁札幌営林局管下上芦別営林署において伐木造材の仕事に従事する作業員として採用された公務員で、伐採作業従事中に公務上の身体障害を受けた者について、補償法所定の休業補償のみが支給され、その間、俸給の支払いがなされなかったために、その支払いを求めた事案である。札幌地裁は、「国家公務員任用の法律上の性質は公務員法立法の精神からみて公法上の契約であると解するのが相当と考えるからその採用については相手方の明示又は黙示の同意を必要とすることは勿論である」としたうえで、昭和三一年三月三一日を最終雇用期限とする月雇臨時作業員として採用されることを承諾して雇用関係に入ったのだから、原告は最終雇用期限日の経過により当然退職したものであり、同日以降依然公務員たる資格を有することを前提とする原告の主張は理由がない、とした。

エ　解雇処分取消並給料支払請求事件（長野地判昭四一・九・一三、判時四七四号一二頁）は、被告飯田市に昭和三六年から昭和三九年までの期間で任用された原告が、昭和三九年に「期間満了により その職を解く」旨の辞令を交付され、退職処分に付されたことにつき、臨時職員の最長任期である一年を超えた翌日に、あらためて特別の手続を要することなく継続して任用されたという事実から、期限の定めなく正式に採用されたものとなったとして、解雇処分の取消等を求めた事案である。長野地裁は、「公務員の任用は当事者間の合意を基礎とする公法上の契約に属すべきものであり、一定の期間内に完了すべき大規模な災害復旧工事のため、その期間中に限り通常以上の職員を必要とし、その期間経過後はこれを採用しておく財政的裏付もないことが当初から判明している場合において、その職員がこの事情を了解し、右の期間内に限り採用されることを承認したときには、とくに法の規定や条例がなくても、期限付採用が許されるものと解するのが相当であると判示した。

② 任用行為の要式行為論

公務員の地位確認請求事件（東京地判昭四七・六・二四、行集二三巻六・七号四〇四頁）は、建設省関東地方建設局甲府工事事務所に、日々雇用ないし任期二ヵ月の期限付きで採用された一般職非常勤職員が、雇止め後において、公務員としての地位の確認を請求した事件である。東京地裁は、「国家公務員の任命も、その法的性質を公法上の契約と解すると否とにかかわらず、国家公務員が労務に服し、使用者である政府がこれに報酬を支払うことを約する点において、私法上の雇用契約と異なるところはない」とし、しかも労基法一四条は、一般職の国家公務員にも準用されるとした。しかし、期限付任用は、いかに長期間更新して継続されても、期限付任用としての性質を変ずるものではなく、なぜなら、期限付任用と任期の定めのない任用とは性質を異にする別個の任用行為であり、しかも少なくとも常勤職員の期限の定めのない任用行為は厳格な要式行為であるから、任命権者による任期の定めのない職員への任命行為がなければ、任期の定めのない職員への任命が有効に成立し得る余地はない、とした。

非正規公務員の事例ではないが、同じ時期に採用内定通知の法的性質をめぐる東京都建設局職員採用内定取消事件（東京地判昭四九・一〇・三〇、民集三六巻五号七八九頁）があった。同事件において東京地裁は、「地方公務員の任命の手続について明文の規定はなく、また国家公務員についての人事院規則八―一二（職員の任免）第七五条の規定も、国家公務員の任命をいわゆる要式行為とした趣旨とは解せられず辞令の交付の有無にかかわらず、任命権者から発令の通知がなされたときは、その意思表示のみによつて任命の効力が生ずると解するのが相当」として、任用行為の要式行為説を採用しなかった。これに対し、同事件控訴審（東京高判昭五一・九・三〇、民集三六巻五号八一九頁）では、「地方公務員の任用行為は、地方公務員たる地位の設定、変更を目的とする重要な法律行為」であるから、本件採用内定通知は、控訴人を東京都建設局職員として採用する旨の意思表示ではなく「単に採用の発令の準備行為」とし、同事件上告審（最一小判昭五七・五・二七、民集三六巻五号七七七頁）も任用行為要式行為論に立った判断を下した。

(2)　「行政行為」「行政処分」の時代（一九七〇年代中葉以降）

非正規公務員の任用行為を明示的に行政行為ないし行政処分とした裁判例は、一九七〇年代中葉以降に現れる。その初出裁判例は一九七六年のことであると考えられるが、その二年前の一九七四年に、東芝柳町工場事件・最一小判昭四九・七・二二（民集二八巻五号九二七頁）があった。同事件は、契約期間を二ヵ月と記載して労働契約書を取りかわして入社した臨時工に対し、五回ないし二三回にわたって労働契約の更新を重ねたのちに、いわゆる雇止めの意思表示をした場合において、こうした雇止めが解雇と同様であると認められるかどうかが争われたものである。

最高裁の判断は、(a)臨時工の仕事の種類、内容の点において本工と差異はなく、(b)その採用に際して会社側に長期継続雇用や本工への登用を期待させるような言動があり、(c)契約期間満了の都度直ちに新契約締結の手続をとっていたわけでもなく、(d)従来基幹臨時工が二ヵ月の期間満了によって雇止めされた事例は見当たらず、ほとんどが長期間にわたって継続雇用されているなどの事情を挙げ、雇止めは実質において解雇で、解雇に関する法理を類推適用するとしたのである。

これを踏まえて、一九七〇年代中葉以降の非正規公務員の雇止め訴訟に係る裁判例を概観すると、以下のような特徴がある。

ア　福井郵便局臨時職員事件。任期二ヵ月の雇用期間で繰り返し任用されてきた非常勤職員が、雇用期間の更新が繰り返されたことにより期間の定めのない臨時雇になったとして、その地位保全仮処分を請求したのに対し、福井地決昭四八・三・一二（判タ三四六号三二八頁）では、「非常勤現業郵政職員に関する限り、その勤務関係形成の端緒は、国公法上の任用ではあるが、右任用は私法上の労働契約の一方当事者として相手方の申し込みに対してなす承諾以上の意味をもたず、ここに私法上の契約原理の適用がある」とした上で、「使用者が更新を拒絶することは実質上、解雇に関する諸法則を類推適用するのが相当」とし、東芝柳町工場事件の最高裁判断に連なる考え方を示し、雇止めにあった申請人の地位保全仮処分請求を認容した。

これに対し被申請人である国は、同仮処分決定を不服とし、同福井地裁に意義を申立てた。福井地判昭五一・三・一九（判時八二二号九九頁）は、「私企業とは異なり公法関係としての法規制を受ける現業公務員としての臨時雇の期限付任用がたとえ長期間更新されたからといってその任用が私法関係に変ずるとか期限付任用の性質を変ずるものではない」とした。さらに同事件異議等控訴事件において、名古屋高金沢支判昭五四・三・一六（判時九三三号一三九頁）は、行政行為説を前面に立て、「公務員の場合の日々雇い入れはその更新が継続してもあくまで任期一日の任用が更新されるのであって、期間の定めのない任用に転化することはないと解されること、公務員の任用行為は一種の行政処分であると解されるところ任命権者の意思に反して任用の更新が擬制されると解するのは相当でない」とした。

一九七五年を境に、明らかに潮目は変わったのである。

イ　北九州市学校図書館員地位確認仮処分請求事件・福岡地小倉支判昭五一・三・二九（判時八二二号九五頁）は、一〇回にわたって、一年以内の任期を限り、嘱託を更新するという形式で任用を継続してきた学校司書が、地位確認の仮処分申請をした事件である。これに対し福岡地裁小倉支部は、「本件地位保全申請仮処分の本案をなすべき訴訟は期限付任用行為の付款たる期限部分の不存在ないし無効を前提として現在の法律関係たる地位の確認等を求める公法上の当事者訴訟（いわゆる争点訴訟）であると思料されるところ、公務員の任用行為の本質は、公法上の契約と異り、当事者間の合意以外に公益性が必要とされる行政庁の特殊な行政行為というべきであつて、その付款たる期限が一応外形上適切に存在している」として、申請を認めなかった。同事件の控訴審である福岡高判昭五五・三・二八も、同様の理由により、地位確認仮処分請求を認めなかった。

ウ　任用行為の法的性質を行政行為として最高裁段階で確定したのは、長野県農事試験場事件・最一小判昭六二・六・一八（労判五〇四号一六頁）である。これは、繰り返し任用された国家公務員の非常勤職員である日々雇用職員が、その地位確認を求めた事件で、上告人（一審原告）側は、繰り返し任用により、任期付の任用は無期の任用に転化しており、原告が任期満了により当然に退職したとすることは、東芝柳町工場事件判決に違反し、解雇権濫用法理を類推適用すべきと主張した。これに対し最高裁は、任命行為とは厳格な要式行為である行政行為であるから、任命権者による任期の定めのない職員にするとの任命行為がない以上、期限付任用がいかに長期間更新されたとしても、任期の定めのない任用に転換するものではなく、解雇権濫用法理のような私法上の法理は、公務部門にはあてはまらない、と判示した(55)。

(3) 小括

裁判例の推移をみると、一九七〇年代中葉を境にして、非正規公務員の任用の法的性質は、「公法上の契約」説から「行政行為」説へと急速に傾斜した。その間に（一九六〇年代後半）、勤務関係の法的性質は「公法上の契約」であるが、公務員の任用行為は厳格な要式行為なのだから、当事者の合理的な意思解釈ないしは黙示の合意によって、繰り返し任用が「任期の定めのない任用」には転化しないとする任用行為要式行為論が登場する。長野県農事試験場事件最高裁判決は、要式行為論と行政行為説の「合わせ技」となっている。

一九七〇年代中葉に、「公法上の契約」から「行政行為」へと変更をもたらしたものとして、次の要因が考えられる。

第一に、一九七四年の東芝柳町事件最高裁判決において、当事者の合理的な意思解釈ないしは黙示の合意によって、期間雇用の繰り返しが「期間の定めのない雇用契約」に転化し、雇止めを解雇とみなす解雇権濫用法理の類推適用という判断が示されたこと、第二に、すでにこの時点で、国、地方を通じて、長期勤続の期限付きの非正規公務員が多数任用されていたこと、そして第三に、公務員の勤務関係を

「公法上の契約」とし、任用行為を契約行為とする考え方を維持すると、繰り返し任用により勤務期間が長期に及ぶ非正規公務員に、解雇権濫用法理を類推適用することにもなり、公務員制度の根幹を揺るがす事態が生じることも想定されること等があったためと考えられる。

これらの要因が重複し、非正規公務員の雇止め裁判においては、任用行為の法的性質が「公法上の契約」から「行政行為」へと、急速にその考え方を変更していったものと考えられる。

六　非正規公務員の任用の法的性質を「法律で全般的な制約を受ける契約」と解釈する余地

任用行為の法的性質をめぐる解釈は変動してきた。

官庁コンメンタールでは、当初、公法上の契約説がとられ、その後、特別権力関係における行政処分説となり、最近は、公法上の勤務関係における行政処分説へと変遷の軌跡を描く。

学説も、戦後しばらくの間は特別権力関係における行政行為説が有力であったが、その後、単に公の勤務関係における行政行為説となり、最近は、実定法の合理的解釈から行政処分とする考え方が有力であるものの、なお、労働契約関係や行政契約関係と捉える考え方も主張されている。

判例の推移をみると、一九七〇年代中葉までは、明らかに公法上の契約説に立脚していたが、任用行為要式行為論を挟み、その後は、行政行為・行政処分説で一貫している。

このように任用の法的性質に関する解釈は変動しているのだが、任用行為そのものの捉え方には何ら揺らぎはない。

任用という行為は、とりわけ採用は、公務員でない者を公務の職に就けることを単に指すに過ぎない。戦前の公務員制度の下では、身分の付与（任官）を基礎として、職に就けること（補職）が行われていたが、戦後の公務員制度では、身分と職は一体のものとして観念され、人を特定の公務の職に就けることが任用であると理解されている。任用行為そのものに関するこのような説明は、戦後一貫して官庁コンメンタールが説明するところである。

初期のコンメンタールである浅井清『国家公務員法精義』は、この点を素直に読み取り、双方合意に基づき一定量の公務という職に就くものが公務員となるということから、任用行為の法的性質は、公法上の契約と考えざるを得ないとした。また、角田禮次郎も、浅井と同様の観点から、「私法上の雇傭関係に準ずる公法上の契約」として、任用行為の法的性質を把握した。

身分ではなく職を中心として公務員制度を組み立てることは、戦後公務員制度の基本構造の一つである。その点には解釈上なんら変更が加えられていない。にもかかわらず、任用行為の法的性質だけを捉え、公法上の契約から行政行為・行政処分へと解釈を変更してきている。つまり恣意的な解釈変更なのである。

今日、官庁コンメンタールは、実定法の合理的解釈のもと、任用の法的性質を行政行為ないし行政処分と解釈する実定法の例として、「公務員の身分は分限規定によって保障され、自由な合意、契約としての取扱いがなされていない」ことを挙げる。だが、身分保障規定があるから契約関係ではないとストレートに結びつけていいものだろうか。橋本コンメンタール自身が、公営企業職員や単純労務職員等にも身分保障規定が適用されるが、その採用は「契約的色彩が強い」としており、(56)身分保障想定が適用されても勤務関係の法的性質は契約であるということは実定法の解釈としてあり得るのである。

また、「任用の根拠となる法律（自治法一七二条二項、地方教育行政の組織及び運営に関する法律一九条七項等）が任命という用語を使用していること」も、行政行為・行政処分説の根拠として挙げるが、これは、明治憲法下の行政裁判所の判断と大差がない。行政裁判所の判例は、吏員と雇員・傭人・嘱託との区別は採用の形式によるべきとし、任命の形式によって採用されるものが吏員であるという見解をとっていたからである。「任命」だから「行政行為」という見解は、戦前の身分的公務員制度への回帰を彷彿させるもので、戦後の民主的公務員制度を否定し、今もって任官補職の「身分上の公務員制度」が実定法上の解釈として生存していることを匂わせる。

さらに非正規公務員の任用行為を、正規公務員のそれと一体的に捉え、行政行為ないし行政処分と見なしてきた考え方にも、以下の問題がある。

任用行為が行政処分ないしは行政行為と解釈されてきたのは、勤務関係の消滅行為たる免職が処分である以上、成立行為たる任用も処分として構成していると理解するのが素直であると理解されてきたからに過ぎない。勤務関係の消滅である免職が処分として構成されているのは、公務員に強い身分保障（地公法二七条以下）、すなわち、その意に反して免職されるのは法律上に定める事由による場合でなければならないからであり（地公法二七条二項）、したがって、定年退職も分限処分の一つ（地公法二八条の二）として構成されている。つまり、身分保障を解除するために勤務関係の消滅行為を処分行為としているのである。

このように身分保障と分限処分を一対のものと捉えると、身分保障の規定の適用のない者の免職を行政行為ないし行政処分とみなすことはできない。臨時職員を例にとると、免職処分を構成する地公法の条文が非適用で、実定法上、その退職を処分とみなすことはできない。さらに臨時職員やそもそも地公法の適用のない特別職非常勤職員には身分保障の適用はなく、その退職を身分保障を解除するためという構成もとれない。このため勤務関係の成立である任用行為も行政行為ないし行政処分とすることもできない。

少なくとも身分保障規定の適用のない非正規公務員の任用の法的性質は、法律で全般的な制約を受ける双方合意の契約関係であると解す余地が充分にあるといえよう。

(1) 勝亦啓文「国家公務員非常勤職員の任用更新拒絶の可否」『労働法律旬報』一六二七号(二〇〇六年七月一〇日号)、六頁以下。
(2) 今枝信雄著『逐条地方公務員法』学陽書房、一九六三年、一六三〜一六四頁。
(3) 田中二郎『新版行政法中巻全訂第二版』弘文堂、一九七六年、二四五〜二四六頁。
(4) 塩野宏『行政法Ⅰ第五版』有斐閣、二〇〇九年、二四頁。
(5) 美濃部達吉『行政法提要上巻』有斐閣、一九三五年、三二八頁。
(6) 美濃部達吉『日本行政法上巻』有斐閣、一九三六年、一三二〜一三三頁。
(7) 渡辺宗太郎『改訂日本行政法上改訂版』弘文堂、一九三七年、九二頁。

(8) 渡辺前掲注（7）、一九三頁。
(9) 渡辺前掲注（7）、九三頁。
(10) 美濃部達吉『行政法撮要上巻第五版』有斐閣、一九四二年、一二一頁。
(11) 美濃部前掲注（10）、一五七～一五八頁。
(12) 美濃部前掲注（10）、三三五～三三六頁。
(13) 藤井貞夫『地方公務員法逐条解説』学陽書房、一九五〇年、六九～七〇頁。
(14) 角田禮次郎『地方公務員法精義』学陽書房、一九五五年、一〇頁以下。
(15) 浅井清『国家公務員法精義』学陽書房、一九五一年、三五四頁。
(16) 今枝信雄『地方公務員法精義改訂版』学陽書房、一九五九年、一〇頁。同第二次改訂版、一九六一年、一〇頁。
(17) 今枝前掲注（2）、一六二頁以下。
(18) 以下の記述は、鹿児島重治『逐条地方公務員法』学陽書房、一九七〇年、一七八～一八一頁。
(19) 鹿児島前掲注（18）、一八〇頁。
(20) 鹿児島重治『逐条地方公務員法第六次改訂版』学陽書房、一九九六年、一七七頁。
(21) 中村博『国家公務員法』第一法規、一九七六年、一六八頁。
(22) 鹿児島重治・森園幸男・北村勇編『逐条国家公務員法』学陽書房、一九八八年、二九四頁。
(23) 田中前掲注（3）、二四四頁以下。
(24) 自衛隊車両整備工場事件・最三小判昭五〇・二・二五、民集二九巻二号一四三頁。
(25) 二七年ぶりに全訂された森園幸男・吉田耕三・尾西雅博編『逐条国家公務員法〈全訂版〉』学陽書房、

二〇一五年、三二〇頁では、さすがに特別権力関係説に立った説明は行っていない。しかし、その記述内容は、後に述べる地方公務員に関する橋本コンメンタールの記述そのままである。
(26) 以下の記述は、橋本勇『新版逐条地方公務員法』学陽書房、二〇〇二年、一九六～二〇三頁。
(27) 橋本前掲注(26)、一九七頁。
(28) 橋本勇『新版逐条地方公務員法第一次改訂版』学陽書房、二〇〇六年、二三一頁。
(29) 橋本勇『新版逐条地方公務員法第二次改訂版』学陽書房、二〇〇九年、二一九頁。
(30) 田中二郎『新版行政法上巻全訂第一版』弘文堂、一九六四年、七八頁。
(31) 田中二郎『行政法総論　法律学全集6』有斐閣、一九五七年、二二四～二二七頁以下。
(32) 第三回国会参議院人事委員会会議録第三号(昭和二三年一一月二二日)四頁。
(33) 公務員制度調査会「公務員制度の改革に関する答申」については、角田前掲注(14)、四一五頁以下に全文が掲載され、中心的委員であった田中二郎も「公務員制度改革要綱案についての覚書」『ジュリスト』一九五五年九月一五日号で、経過と解説を記している。また、濱口桂一郎「公務労働の法政策」『季刊労働法』二二〇号(二〇〇八年春)、一五八～一六〇頁で内容を紹介している。
(34) 鵜飼信成『公務員法〈法律学全集七〉』有斐閣、一九五八年、六一頁。
(35) 鵜飼前掲注(34)、三八～三九頁。
(36) 鵜飼前掲注(34)、三九頁。
(37) 田村浩一「公務員の勤務関係」雄川一郎・塩野宏・園部逸夫編『現代行政法体系九　公務員・公物』有斐閣、一九八四年、八七頁。
(38) 田村前掲注(37)、九五頁

(39) 室井力『特別権力関係論』勁草書房、一九六八年、三九三頁。
(40) 室井前掲注(39)、三八一頁。
(41) 室井前掲注(39)、三八一～三八二頁。
(42) 室井前掲注(39)のほか、室井力『現代行政法の原理』勁草書房、一九七三年、九四頁以下・二六三頁以下も参照。
(43) 濱口桂一郎「非正規公務員問題の原点」『地方公務員月報』六〇五号(二〇一三年一二月)、三～四頁。
(44) 濱口前掲注(43)、四～五頁ならびに同「地方公務員法と労働法」『地方公務員月報』五六七号(二〇一〇年一〇月)、四頁。なお国会答弁資料は、渡辺章編集代表『日本立法資料全集労働基準法』信山社。
(45) 濱口前掲注(43)、五頁。
(46) 田中前掲注(3)、二四五～二四六頁。
(47) 塩野宏『行政法Ⅲ行政組織法』有斐閣、一九九五年、一九八頁以下。なお、二〇一二年発行の同書第四版二八一頁以下でも、同様の記述が維持されている。
(48) 塩野前掲注(47)、二〇二頁。第四版二八六頁。
(49) 塩野前掲注(47)、二〇五頁。第四版二九一頁。
(50) 国情研非常勤職員事件・東京地判平一八・三・二四(判時一九二九号一〇九頁)および中野区(非常勤保育士)事件など。前者は、公法関係にも権利濫用法理や信義則が適用されることを前提に、特別な事情があれば、更新拒否にも権利濫用法理が及ぶ余地を認めたもの。
(51) 下井康史「期限付任用公務員の更新拒否をめぐる行政法上の理論的問題点」『日本労働法学会誌』一一〇号(二〇〇七年一一月)、一三五頁以下。同趣旨の論稿として、同「期限付任用公務員の不再任用――

法人情報・システム研究機構（国情研）事件」『ジュリスト』一三五四号（二〇〇八年四月一〇日）、二三八頁以下。

(52) ①櫻井敬子「労働判例にみる公法論に関する一考察——期限付公務員の再任用拒否事案を素材として」『日本労働研究雑誌』六三七号（二〇一三年八月）、七一頁。また、②同「公法論の現在——期限付公務員の再任用拒否事案を素材として（行政法講座六五）」『自治実務セミナー』二〇一三年一〇月、八頁以下。

(53) 櫻井前掲注（52）①、七五頁。

(54) 山田幸男『行政法の展開と市民法』有斐閣、一九六一年、三四一頁以下。

(55) 非正規公務員の任用を行政行為とみなした一九七〇年代の裁判例として、本文で紹介したもののほか、室蘭大学公務員地位確認等請求事件・札幌地判昭五三・七・二一（行集二九巻七号一三三八頁）。一九八〇年代以降は、山形大学附属病院非常勤職員地位確認請求事件・山形地判昭六一・二・一七（労判四七〇号四八頁）をはじめ、行政行為説一色である。

(56) 橋本前掲注（26）、二一九頁。

第三部　非正規公務員の権利・応用編

第9章　非正規公務員への退職手当の支給

公務員の退職手当は、任期の定めのない常時勤務の正規公務員ばかりか、臨時職員ならびにその勤務実態から「常時勤務に服している」とみなされる「常勤的非常勤職員」も、国家公務員か地方公務員か、一般職か特別職か、有期任用か否かに関わらず、法令・条例等に規定された一定の要件（たとえば六月以上在職など）を満たせば支給されなければならない。なぜなら、公務員の退職手当は、「支給条件はすべて法定されていて（中略）法定の基準に従って一律に支給しなければならない性質のもの」[1]で、任命権者の裁量の範囲は極めて狭く、職員が退職した場合に一定のルールに従って必ずや支払われなくてはならないものだからである。

ところが、国家公務員退職手当法（以下、「退手法」という）や各地方公共団体で制定される退職手当条例（以下、「退手条例」という）に定める要件を満たすにもかかわらず、臨時職員や「常勤的非常勤職員」に退職手当が支給されていないとの疑念が表明され、退職した臨時職員や「常勤的非常勤職員」による退職手当請求訴訟が各地で提起されている。

その請求訴訟のひとつが、「大分県中津市常勤的非常勤職員退職手当請求事件」（以下、「中津市事件」という）の大分地裁中津支部判決（大分地中津支判平二五・三・一五、判時二二二二号一二六頁）と福岡高裁判決（福岡高判平二五・一二・一二、判時二二二二号一二三頁）であり、また、「大阪府羽曳野市常勤的非常勤職員退職手当請求事件」（以下、「羽曳野市事件」という）の大阪地裁堺支部判決（大阪地堺支判平二五・三・二六、労旬一七九七号四八頁）と大阪高裁判決（大阪高判平二五・一一・七、判例集未登載）である。

裁判結果だけを先に述べれば、中津市事件については、大分地裁中津支部は原告は特別職非常勤職員で退職手当条例の適用はないとして原告の請求を棄却したのに対し、控訴審である福岡高裁は、被告中津市が原告を特別職として任用したのは地公法を誤って解釈したものであり、原告は一般職であるから退職手当条例の適用があるとして、地裁判決を破棄し、中津市に退職手当の支払いを命じたものである。

一方、羽曳野市事件は、一審大阪地裁堺支部は、被告羽曳野市の非常勤職員として業務を行っていた原告らが、羽曳野市の制定する「職員の退職手当に関する条例」に基づき、退職手当等の支払いを求めた件につき、原告らが地方公務員法四条一項の一般職の職員に該当するとして、同条例の「職員」とみなし、退職手当の受給対象者に当たるとして請求を認め、控訴審の大阪高裁は、一審原告らは地方公務員法所定の特別職たる非常勤職員に当たるとしたうえで、特別職非常勤職員には同条例は適用されないとして、原判決を取り消し原告らの請求を棄却した事例である。

両事件とも最高裁に上告されている。

本章では、この二つの請求訴訟を題材にして、地方公務員における取り扱いを中心に、臨時職員や「常勤的非常勤職員」への退職手当の支給が、一般職か特別職かにかかわらず一定の要件を満たせば許容されることを明らかにするものである。

一　臨時職員、「常勤的非常勤職員」への退職手当の支給根拠

国家公務員は退手法、地方公務員は各地方公共団体で制定している退手条例に基づき退職手当が支給される。

公営企業職員、現業職員は、退職手当の額等は協約事項なので労働協約に基づき定められる企業管理規程または規則等が支給根拠となる。

地方公務員において退職手当を支給する場合は、自治法二〇四条三項等に基づき、条例でこれを定めることが必要である。そこで多くの地方公共団体で、旧自治省・総務省が通知する「職員の退職手当に関する条例（案）」（以下、「退手条例（案）」という）(2) に基づき、職員への退職手当支給に関する条例を制定してきた。退手条例（案）の内容は、国家公務員準拠の原則のもと、退手法の内容をそのまま条例に引き写したもので、国で退手法が改正されるごとに旧自治省・総務省は同改正内容を盛り込んだ改正退手条例（案）を地方公共団体に示し、地方公共団体では同改正条例（案）に準じた改正条例を制定していった。

1 退職手当を支給される常勤の臨時職員、「常勤的非常勤職員」の要件

退手条例（案）一条は、「この条例は、職員（地方公営企業等の労働関係に関する法律第三条第四号の職員及び単純な労務に雇用される一般職の職員を除く。）の退職手当に関する事項を定めることを目的とする」とし、そして二条一項で、退職手当を支給する職員について、「前条に規定する職員のうち、常時勤務に服することを要するもの（中略）が退職した場合、その者（死亡による退職の場合にはその遺族）に支給する」と定める。さらに、二条二項では、二条一項の職員以外の者のうちでも、「職員について定められている勤務時間以上勤務した日（法令又は条例若しくはこれに基づく規則により、勤務を要しないこととされ、又は休暇を与えられた日を含む。）が一八日以上ある月が引き続いて一二月を超えるに至つたもので、その超えるに至つた日以後引き続き当該勤務時間により勤務することとされているものは、職員とみなして、この条例（中略）の規定を適用する」としている。

前記の規定からは、退職手当の支給は「常時勤務に服する」を第一義の要件とし、一定期間以上の勤務をしている職員に支給されるのであって、通常の常勤の職員のほか、常時勤務に服する臨時職員や、退手条例（案）二条二項の要件を満たす「常勤的非常勤職員」も支給対象者となる。支給要件は次の通りである。[3]

① 臨時職員の退職手当

まず臨時職員は、常勤職員について定められる勤務時間・勤務日数を勤務する者であれば、退手条例（案）二条一項に規定する「職員」とみなされる。

在職期間要件に関しては、一年以上の勤続期間を要するが、在職期間が六月以上一年未満の場合には、

これを一年とするという取り扱い規定（退手条例（案）七条六項）があり、通常、任期六月で更新一回の臨時職員の場合は、六月以上の勤務期間となるので退職手当請求権が発生する。

これを都道府県費負担の臨時教員を例にしてみると、二〇一二年三月現在で、三三都府県で、年度末の「形式上」の退職のたびに月給の六割[4]にあたる退職手当が支給されている。[5]

②「常勤的非常勤職員」の退職手当

次に、退手条例（案）二条二項の「常勤的非常勤職員」である。

「常勤的非常勤職員」というのは、講学上の概念であって、法令上にその名称が使用されているわけではなく、もちろん規定があるわけでもない。しかしながら、「非常勤の職員」であってもその勤務態様を鑑みて、一定の要件を満たした者であればこれを「常勤の職員」とみなし、「常勤の職員」に適用される規定内容を適用する法令もある。そして、当該職員に準ずる非常勤職員を「常勤的非常勤職員」と明記する官庁コンメンタールも存在する。[6]

「常勤的非常勤職員」への退職手当の支給要件に関しては、第一に「常時勤務」であることを要する。常時勤務とは、職員について定められる一日の勤務時間である七時間四五分以上の勤務時間を勤務する者である。

第二は日数要件で、常時勤務した日が月に一八日以上あることが必要である。休日や休暇は勤務した日とみなされる。

第三に、勤務期間要件で、第二の要件を満たす月が一二月を超えるに至ることが必要である。一二月を超えるという要件からすると、通常、非常勤職員の勤務期間は会計年度内の一年を超えない範囲で設定されるので一二月を超えず、したがって退職手当は支払われないと考えられがちであるが、退手法も退手条例（案）も読み替え規定を置く。

すなわち退手法は一九五九年（昭和三四年）改正附則五項で一二月を六月と読み替え、退手条例（案）も一九六二年（昭和三七年）改正条例附則五項の規定で、退手法との均衡から一二月を六月に読み替えている。つまり、勤務期間が引き続き六月を超えた時点で退職手当請求権が発生し、退職した時点で退職手当は支給されなくてはならない。さらに、退職した日またはその翌日に再度任用された場合は、退手法ならびに退手条例（案）七条三項により、継続勤務とみなされるのである。

2　退職手当計算上の在職期間と支給水準

退職手当額は、退職時の給料月額に、退職理由・在職期間ごとに定められた期間を乗じて算出される。常勤の臨時職員の場合は、退手条例（案）二条一項の職員として、六月以上一年未満の在職期間の場合は換算期間〇・六年とし、給料月額の六割の額が退職手当として支払われる。

一方、要件を満たした「常勤的非常勤職員」が上記の附則五項を適用して退職した場合は、同附則の定めから一〇〇分の五〇に相当する額が支給される。たとえば月額二五万円の「常勤的非常勤職員」が在職期間一一月で自己都合退職したら、二五万円×換算期間〇・六年×五〇／一〇〇＝七・五万円となる。

もうひとつ重要な点を指摘しておく。それは任用期間と在職期間は異なるということである。退職した日またはその翌日に再度任用された場合は、退手法ならびに退手条例（案）七条三項により、在職期間の計算については、引き続いて在職したものとみなされる。

この規定は国の期間業務職員や同様の勤務形態にある地方の「常勤的非常勤職員」ならびに臨時職員にとって重要である。たとえば国の期間業務職員の任期は一年で、三年間は実質的に自動更新となっているが、更新時に空白期間を置かずに再び任用される運用のため雇用関係が事実上継続し、在職期間の計算も引き続いて在職したものとして取り扱われる。(7)

二〇一〇年一〇月に制度化された期間業務職員は、一年の任期が終了しても、空白期間を置かずに継続して雇用することにともなって、退職手当支払額の算出における勤務期間計算は、退手法の本則が適用され、二年や三年として計算されなくてはならない。

3　地方公務員の職と一般職・特別職の区分

中津市事件、羽曳野市事件において、一審原告の採用の種類を特別職、一般職のいずれとみなすかが、重要な争点の一つとなったので、ここで考え方を整理しておこう。

地公法は、地方公務員とは地方公共団体のすべての公務員をいう（二条）としたうえで、地方公務員の職を一般職と特別職に分け（地公法三条一項）、特別職として九種類の職を列挙し（同条三項一号～六号）、同条二項で、これら特別職に属する職以外の一切の職をすべて一般職と規定する。

地公法三条三項に規定されている特別職とは、その種類を例示すると、(a)就任について公選または地方公共団体の議会の選挙、議決もしくは同意によることを必要とする職、(b)法令または条例、地方公共団体の規則もしくは地方公共団体の機関の定める規程により設けられた委員及び委員会（審議会その他これに準ずるものを含む。）の構成員の職で臨時または非常勤のもの、(c)都道府県労働委員会の委員の職で常勤のもの等で、これらと並記して同法三条三項三号に、「臨時又は非常勤の顧問、参与、調査員、嘱託員及びこれらの者に準ずる者の職」が規定され、特別職非常勤職員はこの三号に基づき任用されているといわれている。そしてこれら特別職の職にある者には地公法は適用されない（地公法四条二項）。

地公法三条三項三号に掲げる職の性格は、行政実例（昭和三五年七月八日　自治丁公発第九号）によれば、「恒久的でない職または常時勤務することを必要としない職であり、かつ、職業的公務員の職でない点において、一般職に属する職と異なるもの」と解され、すなわち非恒常的、非常勤的で、就任に際し、自らの学識・経験に基づき非専務的に公務に参画する労働者性や雇用関係性が低い勤務の態様が想定されており、それゆえに地方公務員法の適用が除外されている。

このような特別職非常勤職員に関する解釈に照らせば、恒常的な職に、正規の常勤職員と同様の常勤的勤務態様で特別職として採用することは、法解釈を逸脱したもので、本来であれば一般職として採用すべきである。

ただし、後に述べるように、退手法や退手条例はその制定趣旨ならびに制定経過からすると、一般職と特別職を区別しておらず、とりわけ退手条例の制定根拠は地公法二四条ではなく、特別職と一般職の両者を包含する自治法二〇四条に求められることからすると、退職手当の支給の可否は、特別職か一般職かによって決定されるべきものではないことは明らかである。

二　一般職・特別職の区分と退職手当の支給要件

前記一の通り、退手法・退手条例（案）に規定する要件を満たす臨時職員、「常勤的非常勤職員」には、退職手当を支給しなければならない。問題は、退職手当支給に関わる各種法令が、一般職と特別職を区分しているのか、とりわけ地公法三条三項三号の特別職として任用されたといわれる者に、一般職の常勤的非常勤職員と同様に退職手当が支給されるかという点にある。

1　自治法における常勤の特別職公務員の取り扱い

「自治法二〇四条二項の規定により、地方公共団体は、条例で、一般職であると特別職であるとを問わず、その『常勤の職員』に対して、退職手当を支給することができることとされ、同条三項の規定により、退職手当の額ならびにその支給方法は、条例でこれを定めなければならないこととされている。さらに、一般職の職員については、地公法二四条六項の規定が適用され、退職手当についても、それも給与の一種であることから、条例で定めることとされている」[8]（傍線は引用者による）。

旧自治省の職員による退職手当条例に関する解説中のこの短い一文には、多くの示唆がある。すなわち、自治法は①特別職・一般職の両方を包含するもので、②退職手当は、自治法二〇四条一項に規定する「常勤の職員」に支給されるもので、特別職か一般職かを問わない、③退職手当の支給に際しては、自治法二〇四条三項の規定により制定される退職手当条例に基づかなければならない、④一般職の場合には、これに加え、地公法の規定を充足しなければならない。

ここでまず確認しておかなければならないのは、一義的には、退手条例は自治法二〇四条を根拠に制定されるもので、同法二〇四条二項に規定する退職手当をはじめとする諸手当は、特別職・一般職を問わず、同条一項にいう「常勤の職員」に支払われるというものである。

自治法二〇四条一項は、「普通地方公共団体の長及びその補助機関たる常勤の職員、委員会の常勤の委員、常勤の監査委員、議会の事務局長又は書記長、書記その他の常勤の職員、委員会の事務局長若しくは書記長、委員の事務局長又は委員会若しくは委員の事務を補助する書記その他の常勤の職員その他普通地方公共団体の常勤の職員」を「常勤の職員」として例示しており、文理上からも、特別職の地方公務員（たとえば知事・市町村長）と一般職の地方公務員（たとえば補助機関たる常勤の職員）の双方を包含するものである。

判例でも、たとえば特別職である普通地方公共団体の長に自治法二〇四条二項に規定する管理職手当を支給したことが争点となった「特別区区長管理職手当支給事件[9]」では、最高裁は「地方自治法二〇四条によれば、普通地方公共団体は、当該地方公共団体の長その他同条一項所定の職員に対し、給料及び旅費のほか、条例の定めるところにより同条二項の諸手当を支給することができるものとされており」「管理職手当の支給対象としては、地方公務員法上、給料表の適用を受ける一般職の職員がもともと予定されているものというべきであつて、同法四条により右給料表の適用を受けない特別職に属する地方公共団体の長については（中略）管理職手当を支給するというようなことは、給与体系上異例であるといわざるをえない」が、「地方公共団体の長に対する管理職手当の支給は、条例に根拠を有するかぎり、これを直ちに違法無効とすることはできない」と説示している。

このように一般職を対象として予定している給与上の手当であっても、条例に根拠があれば、特別職にも支給できる。つまり、自治法二〇四条二項規定の退職手当を含む諸手当は、特別職か一般職かではなく、「常勤」「非常勤」をその支給要件としているのである。

2 退手条例（案）における特別職公務員の取り扱い

旧自治省・総務省は、地方公共団体が地方公務員の退職手当に関する条例を定めるにあたっては、国家公務員との均衡の原則から、一般職については地公法二四条三項の規定により一般職の国家公務員に準じて、また特別職については法律上の明文の規定はないものの、その均衡の原則という趣旨は一般職の職員の場合と異ならないことから、特別職の国家公務員に準じて、それぞれ退職手当制度を定めるべきとしてきた(10)。

こうした指導原則のもと、旧自治庁は、国で国家公務員等退職手当暫定措置法が制定された時点で、各地方公共団体が準ずるべき退手条例（案）を通知した。一九五三年（昭和二八年）通知では、記三で「条例第三条第一項に規定する『これに相当する給与』とは、例えば、特別職に属する職員にあつては報酬、臨時に雇用される職員にあつては賃金のうち、それぞれ職員の給与に関する条例に規定される給料（本給のみをいう。）に相当する部分をさすものであること。」と述べ、特別職や臨時職員に支給される退職手当額を計算する場合において、その基礎額はそれぞれ報酬や賃金のように一般職の常勤職員の給料に相当する部分であるとした。つまり特別職の職員も一般職の臨時職員も退職手当支給の対象であることは、法解釈上、明らかなのである。

その後、国家公務員の退職手当制度の改正のたびに旧自治省は通知を発出し、均衡の原則に応じて、地方公共団体においても当該改正に準じた改正を行うべく改正退手条例（案）を提示してきた。

その中でも最大の改正は、一九六二年の退職手当制度の改正である。

一九六二年の改正退手条例（案）の通知[11]において、旧自治省は退手条例（案）二条関係の説明として、「新条例は、常時勤務に服することを要する新条例第一条の職員（以下「常勤職員」という。）の退職について適用することを原則とするが、なお、常勤職員と同様の勤務形態をとる非常勤職員のうち、常勤職員について定められている勤務時間以上勤務した日が二二日以上（現行一八日——引用者）ある月が引き続いて一二月を超えるに至つた者の一定の事由による退職についても適用することとしたこと。」と記し、「常勤的非常勤職員」にも退職手当を支給することとしている。さらに同通知は、経過措置の説明において、「非常勤職員に対しては、旧条例において勤務期間六月をこえる退職に退職手当が支給されていたことにかんがみ、新条例の下においても、引き続いて勤続期間六月を超えて退職した非常勤職員に対しては、当分の間新条例によつて計算した退職手当の額の二分の一、すなわちほぼ旧条例による退職手当に相当する額を支給することとしたこと。これに伴い、新条例第七条の二の読替規定を設けたこと」と記している。

この後も、退手条例（案）は、国の退手法改正にあわせて改正され続けてきたが、特別職を同退手条例（案）の範囲から除くとする改正は行われていない。

たとえば、一九六六年、全国市町村職員退職手当組合連合会会長から「昭和二八年九月一〇日付自丙行発第四九号をもって示されている職員の退職手当に関する条例（案）は、地方公共団体の特別職の職員で常勤のもの（例・市町村の三役）にも適用することを予想して定められたものと解してよろしいか。」の照会に対して、自治省給与課長は「お見込みの通り」と回答している。(12)

退職手当が支給される職員の適用範囲は一般職であると特別職であるとを問わないことについては、地方公務員の退職手当に関するコンメンタールや先に紹介した『地方公務員月報』誌上の退職手当に関する解説でも触れられており、この点に関しては、「常識」として認識されているものといえよう。

3　勤続報償的性格が重視される公務員の退職手当

退職手当の支給に際しては、自治法二〇四条二項に規定する「常勤の職員」ならびに退手法・退手条例（案）に定める「常時勤務」に該当するかどうかは要件となるが、特別職か一般職かは要件となっていない。それは公務員の退職手当においては、勤続報償的性格が重視されていることと無縁ではない。

従前より公務員の退職手当の性格については、勤続報償、生活保障、賃金後払いという三つの要素があり、どの要素を重視すべきかにつき論争されてきたが、その制度内容等から見て、勤続報償的要素が強いものと理解されている。

判例においても、旧日本電信電話公社職員の退職手当請求権の譲渡の可否を争点にした「電電公社小倉電話局事件」において、最高裁は「国家公務員等退職手当法に基づき支給される一般の退職手当は、同法所定の国家公務員または公社の職員が退職した場合に、その勤続を報償する趣旨で支給されるものであって、必ずしもその経済的性格が給与の後払の趣旨のみを有するものではないと解されるが、退職者に対してこれを支給するかどうか、また、その支給額その他の支給条件はすべて法定されていて国または公社に裁量の余地がなく、退職した国家公務員等に同法八条に定める欠格事由のないかぎり、法定の基準に従つて一律に支給しなければならない性質のものである[13]」と判示している。

このように退職手当は、常時勤務に服する職員に支給される勤続報償的性格が重視されるもので、そして常時勤務に服するとは、国の「一般職の職員の勤務時間、休暇等に関する法律」や各地方公共団体で制定されている「職員の勤務時間、休暇等に関する条例」に定められた正規の勤務時間を勤務することを意味し、勤続とは、一定期間以上（退手法・退手条例（案）の場合は六月）にわたって、勤務したことを意味するものである。

勤続報償に特別職と一般職の差が生じるとは思えない。このような退職手当の性格からすると、特別職か一般職かで支給の可否を判定すること自身が、退職手当制度の趣旨に反した取り扱いであると断じざるを得ない。

三　中津市事件判決、羽曳野市事件判決に係る意見

法令・条例等に規定された一定の要件を満たす臨時職員ならびに国の期間業務職員や地方の常勤的非常勤職員については、一般職か特別職か、有期任用か否かに関わらず、退職手当が支給されなければならない。この観点にたって、以下、中津市事件と羽曳野市事件の批評を試みてみよう。

1　中津市事件について

原告は、一九七九年四月一日、中津市に編入合併された地方公共団体に任期一年の非常勤職員として採用され、以後、二〇一二年三月三一日に退職するまでの三三年間、毎年一年間の任期で再任用されてきた学校司書である。任期の終了による退職日と再任用による任期の開始日との間に空白はなく、継続して勤務してきた。

勤務態様は、勤務時間、勤務日数とも通常の常勤勤務者と同じで、典型的な常勤的非常勤職員である。

中津市では、一九五三年一二月二三日、「中津市職員の退職手当に関する条例」（以下、「中津市条例」という）を制定し、その一条は「職員（中略）の退職手当に関する事項を定めることを目的とする。」とし、二条二項で「職員以外の者のうち、職員について定められている勤務時間以上勤務した日（法令又は条例若しくはこれに基づく規則により、勤務をしないこととされ、又は休暇を与えられた日を含む。）が一八日以上ある月が引き続いて一二月を超えるに至ったもので、その超えるに至った日以後引き続き当該勤務時間により勤務することとされているものは、職員とみなして、この条例（中略）の規定を適用する」としている。

また中津市では、中津市条例とは別に、一九五六年一二月二二日に「中津市特別職の職員の退職手当に関する条例」（以下、「中津市特別職条例」という）を制定し、その一条は、「この条例は、中津市特別職の職員（中略）の退職手当の支給に関し必要な事項を定めることを目的とする」とし、二条で「この条例は、次に掲げる職員が退職した場合にはその者、死亡した場合にはその遺族に支給する」として、現行条例では適用範囲を(1)市長、(2)副市長としている。

原告は、退職に際し、所属する組合を通じて退職手当を任意に支払うように中津市に求めたが、中津市がこれを拒否したため、二〇一二年六月一八日に、大分地裁中津市支部に、中津市条例に基づき一一〇〇万円の退職手当の支払いを請求して提訴したものである。

大分地裁中津支部判決（二〇一三年三月一五日）

二〇一三年三月一五日、大分地裁中津支部は原告側請求を棄却する判決を言い渡したが、棄却理由は次の通りであった。

すなわち、中津市条例は、適用対象となる「職員」について一般職の職員と特別職の職員とを区別しておらず、また、中津市条例が参考にする、総務省より技術的助言として各地方公共団体に通知されている退手条例（案）では、適用対象となる「職員」には一般職の職員のみならず、特別職の職員も含まれると解する余地がないとはいえないとしながらも、一般職の職員に対する退職手当の支給根拠となっていたのが中津市条例であったことは明らかであり、中津市条例とは別個の単独条例として中津市特別職条例が制定されており、同条例一条は「特別職の職員の退職手当の支給に関し必要な事項を定めることを目的」とするとして、特別職の職員全体を対象としていること、また、同条例が制定された当時、非常勤の職員には退職手当が支給されていなかったことがうかがわれるが、このことは同条例が特別職の職員全体を対象としつつ、市長等の常勤の特別職の職員のみに退職手当を支給し、他方、非常勤の特別職の職員には退職手当を支給しないとすることと整合する、などというものであった。

福岡高裁判決（二〇一三年一二月一二日）

これに対し福岡高裁は、原判決を取り消し、中津市に対し、一〇九二万八六三二円の退職手当を支払えと命じた。

福岡高裁が逆転判決を下したのは、一審原告である控訴人は特別職ではなく一般職の職員に該当し、従って中津市条例の適用があるから退職手当請求権が生じるとしたからであった。

福岡高裁が控訴人を一般職であると判断した論理構成は、以下の通りである。

まず、ある職員が特別職に該当するか否かは、「専門性を有することは当然のこととし、その専門的な学識や知識等を、常時ではなく、臨時ないし随時業務に役立てるという状況にあるかどうかが重視されなければならない。したがって、勤務時間や勤務日数などの勤務条件や職務遂行に際して指揮命令関係があるのかどうか、成績主義の適用があるか等が、正規の職員と異なるかどうかで判断」されるとした。この観点から控訴人の勤務実態をみると、「学校図書館において、勤務日数や勤務時間の点で正規職員と異なることなく勤務し」「その勤務条件からすると、他職に就いて賃金を得ることは不可能で」「校長による監督を受ける立場にあり、勤務成績が不良である場合には、市長によって解任される場合がある」とされていた。したがって、任命権者である中津市教育委員会が、控訴人を「地方公務員法第三条第三項第三号の非常勤嘱託による。」などと記載した任用通知書をもって任用したとしても、「それは、地方公務員法の解釈を誤った任用であるから、そのことをもって、控訴人が特別職の職員であると認定することはでき」ず、「控訴人は一般職の職員に当たるというべきである」とし、したがって、中津市条例の適用があると判じたのである。

なお、中津市条例一条の「職員」に特別職の「常勤的非常勤職員」が含まれるかどうかについては、判断を示さなかった。

2 羽曳野市事件について

大阪府羽曳野市で、同市立図書館の司書として、一〇年間にわたり継続して勤務していた二人の非常勤職員（嘱託員）が、羽曳野市の退職手当条例（以下、「羽曳野市条例」という）二条二項に規定する「常勤的非常勤職員」にあたるから、被告羽曳野市から退職手当が支給される権利があるとして争われた。

当裁判の争点は、①原告は地公法適用の一般職か非適用の特別職か、②原告に羽曳野市条例二条二項（「常勤的非常勤職員」に係る規定）の適用があるかであった。

大阪地裁堺支部判決（二〇一三年三月二六日）

大阪地裁堺支部は、原告の請求を全面的に認め、勤続年数一〇年を基礎に計算された退職手当額一九八万八〇〇〇円を二人の非常勤職員（嘱託員）に支払うことを、被告羽曳野市に命じる判決を言い渡した。

大阪地裁堺支部は、①原告らは、正規職員らとほぼ同様の勤務環境において、同様の専務的業務に従事し、秘密保持、職務専念義務、信用失墜行為等の禁止等の制約が課され、勤務成績不良の場合は免職されるとの規定が置かれ、成績主義の一般的な規定も適用されると解されることから、地公法上の一般職の職員に該当する、②一般職と認められるから、地公法二四条六項を受けて制定された羽曳野市退職手当条例が適用され、同条例二条二項の「常勤的非常勤職員」に当たると解されるから、同条例規定の退職手当の支払いを受ける権利がある、と結論づけた。

大阪高裁判決（二〇一三年一一月七日）

前記地裁判決に対し、大阪高裁は、原判決を取り消し、被控訴人（一審原告）らの請求をいずれも棄却するとした。

争点①の被控訴人（一審原告）が地公法適用の一般職か非適用の特別職かについて、大阪高裁は、次のような論理展開から特別職であるとした。

すなわち、非常勤嘱託員の任用関係は、任命権者の任用行為の具体的内容によって決定される行政処分であり、これに基づく勤務関係は公法関係と解するのが相当で、被控訴人らは羽曳野市嘱託員要綱及び同要領により、地公法三条三項三号に規定されているところの非常勤嘱託員として任命されてきた。被控訴人らは、嘱託員の勤務時間が正規職員と異なるところがないといっても、任期は一年間で終身職ではないこと、正規職員の任用と同様の選抜試験等が実施された形跡はないことから、嘱託員の任用を地公法三条三項三号所定の特別職たる非常勤嘱託員の任用とすることに重大な瑕疵があるということもできない。

争点②の羽曳野市条例が特別職にも適用されるかについては以下のように述べた。

羽曳野市条例は、総務省が技術的助言として通知しているところの「職員の退職手当に関する条例案」を参考にして制定されたもので、上記条例案では、適用対象となる職員の範囲には、地方公共団体の特別職の職員で常勤のもの（例・市町村の三役）も含まれることや、羽曳野市条例には、文言上、「職員」との記載しかなく、一般職と特別職の区別がされていないことに照らすと、退職条例は、それだけからみると、特別職にも適用の余地があるように解されなくもない。

しかしながら、(ア)羽曳野市条例よりも先に制定された「特別職の職員の給与に関する条例」には、特別職の職員のうち市長及び副市長には退職手当を支給する旨の規定があるが、「特別職の職員で非常勤のものの報酬及び費用弁償に関する条例」では、特別職の職員に対する退職手当の支給に関する規定は存在しない、(イ)実際にも、羽曳野市においては、嘱託員として任用され、二〇一一年三月三一日以前に退職した者が六〇〇人程度いるが、これまでに退職手当を支給された者はいないことからすると、控訴人（羽曳野市）は、特別職の職員のうち常勤である市長及び副市長には退職手当を支給するけれども、非常勤の特別職には退職手当を支給していないなどから、非常勤の特別職には退手条例は適用されないものというべきであるとした。

3　批評

中津市事件大分地裁中津支部判決ならびに羽曳野市事件大阪高裁判決は、見るべきものを見ない、著しく不当な判断である。

第一に、中津市事件、羽曳野市事件の一審原告は、その勤務実態からは、一般職の常勤的非常勤職員とみなすべきである。地公法は労働者性のある職員を特別職として採用することを予定していない。この点は、総務省二〇一四通知でも、強調されている。

第二に、仮に両事件の一審原告が特別職非常勤職員だとしても、中津市条例ならびに羽曳野市条例は、これら条例に基づき退職手当が支給されるものとして、特別職非常勤職員をその対象としている。

中津市特別職条例は、その制定経過からすると、特別職全般を対象とするものではなく、常勤の特別職である市長、副市長等に限定して制定されたものである。大分県内の他市町村ならびに大分県で制定している条例は、常勤の特別職である市長、副市長、知事、副知事等に限定して条例の適用対象としているのであって、中津市特別職条例のように特別職全般を対象としているようにみえる規定を置くところはない。唯一、中津市だけが特別職全般を対象とする条例を制定しなければならない積極的な理由を見出すこともできない。したがって、中津市特別職条例が、特別職全般を適用対象としているという大分地裁中津支部の判断は誤解に基づくもので、特別職の常勤的非常勤職員には元から適用になっていた中津市条例がなお適用され、適法に退職手当が支給されるべき対象者である。

また、羽曳野市条例は、高裁判決自身が指摘しているように、旧自治省・総務省が各自治体に技術的助言として通知してきた退手条例（案）そのもので、一般職に限定する規定も置かれていない。さらに同条例二条二項は、「常勤的非常勤職員」を改めて規定し、この要件を満たすものに退職手当を支給することを定めており、これは「特別職の職員で非常勤のものの報酬及び費用弁償に関する条例」とは別建てのものである。退職手当は、前者の退手条例に基づき支払われるのであって、ゆえに後者の報酬等条例には退職手当に関する規定はない。退手条例は、通常、給与条例とは別建てで制定されており、特別職の非常勤に限って、報酬条例で一本化しなければならない理由はない。

第三に、両判決とも、「常勤的非常勤職員」への退職手当の支給実態がないから、それぞれの市の退職手当条例の適用はないとしているが、なぜ、「漏給」を疑わないのであろうか。

たとえば、総務省調査二〇一二の中津市分の個票を見ると、二〇一二年四月一日現在、一般事務職員一三人、給食調理員二二人、技能労務職一三人、その他職種で一〇人、合計五八人のフルタイム勤務の一般職の臨時職員がいた。また、羽曳野市の総務省調査二〇一二の個票を見ると、二〇一二年四月一日現在、一般事務職員六六人、医療技術員一人、看護師等一人、保育士等四七人、給食調理員五人、技能労務職八人、教員・講師二二人、その他一三人、合計一四九人のフルタイム勤務の一般職の臨時職員がいた。

これら臨時職員には、それぞれの市の退職手当条例二条一項が適用され、在職期間が六月を超えた時点で、退職手当請求権が生じている。

退職手当を支払わずに雇止めしていれば、「漏給」である。

四　退手条例上の要件を満たさない非常勤職員への退職手当の支給

退手法や退手条例に規定する退職手当の支給要件は、常勤的非常勤職員に関しては、①常時勤務した日が、②一八日以上ある月が、③引き続いて一二月（読み替え規定により六月）を超えることであるといって差し支えないだろう。

ただしこの要件は退手法ならびに退手条例上のものであり、地方公務員の場合、退手条例とは別の条例を制定し、特別の定めをすることにより、退手条例上の常勤的非常勤職員の要件を満たさない非常勤職員にも、合法的に自治法二〇四条二項所定の退職手当を支給することができる。

この点につき、参考になる事例が、東村山市事件（東京地判平一九・一二・七、裁判所ウェブサイト掲載判例ならびに東京高判平二〇・七・三〇、裁判所ウェブサイト掲載判例）である。

東村山市事件とは、同市在住の住民が、同市に勤務していた五人の嘱託職員に支給された退職手当が、非常勤の職員に諸手当を支給できないとする自治法二〇三条一項（当時）に反し違法であるなどとして、東村山市長を相手方として起こした損害賠償（住民訴訟）請求事件である。

東京地裁判決は、「東村山市の嘱託職員の勤務の内容及び態様、嘱託職員制度の導入の経過及びその役割、並びに報酬の額の定め方その他の待遇等の取扱いなどの諸事情を総合的に考慮すれば、（中略）本件嘱託職員らを始めとする嘱託職員については……『非常勤の職員』（中略）に類する者というよりも、むしろ同法二〇四条一項にいう『常勤の職員』に該当するものと認めることが相当である」とした上で、「常勤の職員」と認定される当該嘱託職員への退職手当の支給は、違法な支出ではないとした。

東京高裁判決は、一審原告・控訴人が本件嘱託職員らに対する諸手当の支給は、勤務時間が同様の臨時的任用職員との均衡の点からしても許されないと主張したのに対し、「勤務時間が嘱託職員と同様であるだけで勤務実態等が大きく異なる臨時職員との間で処遇上の均衡を考慮しなければならない理由はない」と判示した。

五人の嘱託職員の週勤務時間は、退手条例上の常勤的非常勤職員とみなされる要件を満たすものではなく、いずれも週勤務時間三〇時間以内で、中には二二・五時間の者もいた。東京地裁ならびに東京高裁は、上記の通り、常勤職員と同じ仕事をしていていれば「常勤の職員」であるとし、常勤の職員に支給されるべき自治法二〇四条二項に列挙されている手当のひとつである退職手当を、条例に基づくことで合法的に支給できるとしたのである。

東村山市では、一九九二年から、任用期間が更新され三年以上在職することとなった特別職非常勤職員たる嘱託職員に対し、東村山市嘱託職員に関する規則により退職手当（離職報償金）を支給してきた。そして二〇〇七年三月二三日には、当該退職手当（離職報償金）支給の根拠を明確にするため東村山市嘱託職員退職手当支給条例を制定し、同年三月三一日に施行した。さらに支給条例施行日以前に支払われた退職手当支給の取り扱いを明確にするため、二〇〇七年一〇月に同退職手当支給条例の一部を改正し、二〇〇五年四月一日に遡及して適用するとともに、既に支給された離職報償金も改正条例等に基づく退職手当の内払いとみなすとしていたのである。

このように退手法や退手条例の規定によることなく、特段の条例を制定していれば、勤務時間や勤務日数が常勤の職員よりも短い非常勤職員であっても、その勤務態様や職務内容等から自治法二〇四条の「常勤の職員」とみなせる者に対して、一般職か特別職かに関わらず、合法的に退職手当を支給することができるのである。(14)

基幹化した非正規公務員に相応しい処遇の実現を

地方公共団体は、さまざまな事情のもとで、臨時・非常勤職員と呼ばれる非正規公務員に依存し、行政サービスを展開するようになってきている。だが正規公務員と非正規公務員の取り扱いには、「身分差別」ではないかと疑うほどの格差が生じている。情報格差も著しく、いかなる法や条例が適用されて処遇が決定されているかの説明もなく、本来、任命権者に裁量のないものでさえも知らされず、放置され、なされるべきことがなされないままでいる。

中津市事件、羽曳野市事件もそのひとつの事例といえるだろう。

公務員の退職手当は、常勤の職員、臨時職員ならびに職員に準じる「常勤的非常勤職員」が退職した場合、一定の支給制限事由に該当しない限り一律に支給されるものであり、国および地方公共団体が支払義務を負う金銭債務であるとともに、退職者が権利として請求しうる給付でもある。

ましてやその性格は勤続報償的なものであり、その観点からすれば、長期間にわたって地方公共団体が提供すべき公共サービスを同じように担ってきた正規公務員と非正規公務員を区別し、前者の退職者には退職手当に係る権利を認め、後者の退職者には認めないことは、不条理で社会正義に反する。

さらには、任用の形式が「特別職」であるという一事をもって、法定の基準に従って一律に支給しなければならない性質の退職手当の請求権をはく奪するのは、不合理な差別だといわざるを得ない。

地方公務員の三人に一人は非正規公務員である。非正規公務員は地方公共団体が提供する公共サービスの基幹的役割を担い、職場になくてはならない存在になっている。にもかかわらず、その処遇は劣悪で、毎年度ごとに雇止めの危機にさらされている。

いまは、非正規公務員の処遇の改善と雇用の安定を図ることが喫緊の課題であり、そうしなければ地域住民のセーフティーネットである公共サービスは一層劣化し、その弊害は地域住民自身にはね返り、そして地域での暮らしをなりたたないものにしてしまう。

そうなる前に、非正規公務員の職業上の倫理観でようやく持ちこたえている公共サービスを、彼女・

彼らの仕事への誇りと能力と貢献を正当に評価しなおすことを通じて、何とか立て直さなければならないのである。

(1) 電電公社小倉電話局事件(最三小判昭四三・三・一二、民集二二巻三号五六二頁)。
(2) 「職員の退職手当に関する条例案について」(昭二八・九・一〇 自内行発第四九号 各都道府県総務部長、都道府県人事委員会事務局長及び五大市人事委員会事務局長あて 自治庁行政部長通知)。
(3) 退手法上の「常勤的非常勤職員」は、同法二条二項で、「職員(常時勤務に服することを要する国家公務員――引用者)以外の者で、その勤務態様が職員に準ずるものは、政令で定めるところにより、職員とみなして、この法律の規定を適用する」とし、職員とみなす要件を定めた国家公務員退職手当法施行令一条一項二号は「総務大臣の定めるところにより、職員について定められている勤務時間以上勤務した日(法令の規定により、勤務を要しないこととされ、又は休暇を与えられた日を含む。)が引き続いて一二月を超えるに至つたもので、その超えるに至つた日以後引き続き当該勤務時間により勤務することとされているもの」とし、さらに「一二月を超えるに至つたもの」に関しては、国家公務員退職手当法運用方針(昭和六〇年四月三〇日総人第二六一号)一項で、「雇用関係が事実上継続していると認められる場合において、同項について定められている勤務時間以上勤務した日が一八日以上ある月が引き続いて一二月を超えるに至った者」としている。
(4) 月給の「六割」というのは、六月以上一年未満の勤務期間で退職した職員に支払われる退職手当の支給水準である。
(5) 二〇一二年九月二三日付朝日新聞(ただし大阪本社版)「臨時教員に課税論争 兵庫、再任用前に毎年退職手当」。

（6）たとえば次のようなものである。「この条例（退手条例（案）——引用者）により退職手当を支給される者は、退職手当が勤続報償的性格が強い手当であることにかんがみ、地方公務員のうち常時勤務に服することを要するもの（以下、「職員」という。）を原則とするが、職員以外の地方公務員のうち一定要件を満たす職員に準ずる者（常勤的非常勤職員）も、人事管理上の必要等を考慮して、支給対象者とされている。」『地方公務員月報』一九九一年一二月号、一七頁。「講座　退職手当制度　第二回」における職員の退手条例（案）一条についての井上隆興（自治省給与課）による解説。また行政実例においても「常勤的非常勤職員」という用語は使用されていた。「職員の退職手当に関する条例の一部を改正する条例（案）について」（昭和六三年五月一一日　自治給第三五号）では、記以下の見出しで「第一　常勤的非常勤職員の要件等の改正」としている。国家公務員の「常勤的非常勤職員」に係る記述については、浅井清『新版国家公務員法精義』一九七〇年、学陽書房、五七頁以下を参照。

（7）このような取り扱いは一日ごとに任用され退職するとされてきた国のかつての日々雇用職員にも適用されていた。総務省人事恩給局の「日々雇用の非常勤職員に関する臨時の状況調査結果」（二〇〇九年七月一日基準日）では、雇用関係が事実上継続し、常勤職員と同様の勤務時間以上勤務した日が一八日以上ある月が引き続き六月を超えるに至った日々雇用の非常勤職員のうち、七一五〇人（四三・一％）の者に退職手当が支給される予定としていた。

（8）井上隆興（自治省給与課）・前掲注（6）、一五頁。

（9）特別区区長管理職手当支給事件・最一小判昭五〇・一〇・二、判時七九五号三三頁。地方公共団体の首長や地方公営企業管理者など特別職公務員への各種手当の支給と条例における具体化について検討したものとして、斉藤誠「特別職地方公務員に対する成功報酬型給付」『地方公務員月報』五六九号（二〇一〇・一二）二頁。

(10) 地方公務員退職手当制度研究会編『コンメンタール退職手当条例案』ぎょうせい、一九八九年、四三九頁以下。なお同コンメンタールは追録版である。

(11)「職員の退職手当に関する条例の一部を改正する条例（案）について」（昭三七・九・二九　自治丙公発第二〇号　各都道府県総務部長、都道府県人事委員会事務局長あて　行政部長通知）。

(12)「職員の退職手当に関する条例（案）の適用範囲について」（昭四一・四・一　自治給三二号　全国市町村職員退職手当組合連合会会長あて　給与課長回答）。

(13) 前掲注（1）「電電公社小倉電話局事件」。

(14) 同様の事件として、枚方市非常勤職員一時金等支給事件（大阪高判平二二・九・一七、判時二〇五〇号二七頁）も参照。

第10章　非正規公務員の権利救済の仕組み
――労働諸法の適用問題

労働法学者水町勇一郎氏の整理によれば、正規と非正規との間には、三つの格差が生じているとする。(1)第一が雇用格差である。雇止め等に見られる不安定雇用がその象徴である。第二が処遇格差である。同じ質量の仕事をしても、非正規雇用であるというだけで、その賃金は正規の二分の一から三分の一程度である。

そして第三が情報格差である。組合員として組織されず、労使交渉のテーブルからも排除されているため、非正規が抱える問題が放置され、必要な情報も労使双方から与えられない。いわば労使コミュニケーション格差である。

非正規公務員の場合には、上記に加え、権利救済の仕組みにおける格差が加わる。

一　正規公務員・非正規公務員間の権利救済格差

国公法および地公法における権利救済システムは、①勤務条件に関する措置要求（国公法八六〜八八条、地公法四六〜四八条）、②不利益処分に関する審査請求（国公法八九条〜九二条の二、地公法四九条〜五一条の二）の二つがある。

①勤務条件に関する措置要求とは、給料その他あらゆる勤務条件に関し、国家公務員に関しては人事院に、地方公務員の場合は、人事委員会または公平委員会に対し、任命権者等により適当な行政上の措置が行われることを要求することができるというものである。

措置要求できる職員は、国公法、地公法が適用となっている職員で、一般職の常勤職員はもちろんのこと、臨時的任用職員、任期付職員、再任用職員、一般職の非常勤職員も含まれる。なお、公営企業職員および単純労務職員ならびに独立行政法人の職員は、労働委員会によるあっせん、調停および仲裁の制度が認められているので、人事院、人事委員会、公平委員会等に措置要求することはできない。措置要求制度は、いわば労働基本権制約の代替措置として制度化されたものである。

措置要求の内容は、自分自身の勤務条件に関するものであって将来に向かって維持改善できるもので、ア給与、勤務時間、休憩時間、週休日、休日、休暇等に関する事項、イ昇任、転任、昇格、休職等の基準に関する事項、ウ保健、安全保持等に関する事項、エ勤務環境に関する事項、オその他ア〜エに掲げるもの以外の勤務条件に関する事項と幅広い。

図表10－1　非現業の非正規公務員と地方公務員法の適用関係

地公法条項	内容	特別職非常勤	一般職非常勤	臨時職員
22条１項	条件付採用	×	×	×
26条の２	修学部分休業	×	×	×
26条の３	高齢者部分休業	×	×	×
26条の４	自己啓発等休業	×	×	×
26条の６	配偶者同行休業	×	×	×
27条２項、28条1～3項	身分保障	×	○	×
28条の2	定年制	×	×	×
46条	勤務条件に関する措置の要求	×	○	○
49～51条の２	不利益処分に関する不服申立て	×	○	×
※行政不服審査法		○	×	×

②不利益処分に関する審査請求とは、職員がその意に反して、降任、免職、休職、降給され、もしくは懲戒処分等の不利益処分を命じられた場合に、その当・不当について、人事院、人事委員会、公平委員会に対し、審査請求するものである。

措置要求できる職員は、国公法、地公法が適用となっている職員で、一般職の常勤職員と非常勤職員、任期付職員、再任用職員であるが、臨時職員や条件付採用職員は適用除外となっている。

不利益処分に対する審査請求制度も、公務員独自のもので、「公務員の身分の特殊性である強い身分保障を実質的に担保する制度[2]」だからであると説明されている。

ところが、非正規公務員は、これら権利救済システムから排除されている。その理由は、非正規公務員に身分保障規定が適用されてい

ないことと無関係ではない。(図表10—1参照)

臨時職員の場合

これを地方公務員の非正規公務員において概観すると、まず、臨時職員に関しては、地公法の各規定のうち、条件付採用(地公法二二条一項)、修学部分休業(地公法二六条の二)、高齢者部分休業(地公法二六条の三)、自己啓発等休業(地公法二六条の四)、配偶者同行休業(地公法二六条の六)、身分保障(地公法二七条二項、二八条一~三項)、定年制(地公法二八条の二)と不利益処分に関する審査請求(地公法四九条一・二項)ならびに行政不服審査法が適用除外となっている。

臨時職員には身分保障の適用がない。このため、条例で特に定めていない限り(地公法二九条の二第二項)、その意に反して、任用期間中であっても、任命権者の任意で解雇されうる立場にある。さらに地公法四九条一項および二項が適用除外のため、人事委員会・公平委員会に審査請求できず、あいにく地公法が適用されているので、労働委員会にも救済申立することもできない。さらに地公法二九条の二で行政不服審査法も適用除外とされている。臨時職員は行政から受けた不利益処分について、いかなる行政組織からも相手にされず、その取消しまたは無効確認を求めて訴訟を提起するしかないという法環境のもとにある。

公務員法上の臨時職員の権利救済システムとしては、勤務条件の措置要求が残されている。

だが唯一残されたこの権利救済システムも、著しい情報格差、労使コミュニケーション格差があるために、非正規公務員において使われていないし、このような救済の仕組みがあることさえも知らされていない。

かつて、「臨職問題」が国・地方を通じて、公務員制度における重要課題として認識されていた一九五〇年代において、各都道府県の人事委員会または公平委員会に対して、「臨時職員」の措置要求を行う運動が盛んに行われ、それぞれの人事委員会等は、「臨時職員」の処遇改善につながる判定を積極的に行っていた。都道府県ならびに政令市の人事委員会や公平委員会から、一九五二年（昭和二七年）～一九六〇年（昭和三五年）の九年間で二〇の「臨時職員」に関する判定が出されている。たとえば次のようなものである。

○福岡市公平委員会判定要旨（昭二七・五・三〇）（地方公務員人事判定集、第三集三頁）

一　正規職員と同等の者と、純然たる臨時的な者とに明確に区分し、前者については、正規職員と同等の給与、勤務時間、その他の勤務条件とし、後者については、雇用の条件を明らかにし、かつ正規職員との給与の均衡を計ること。

二　臨時職員の任免給与（退職手当を含む）、健康保険法の適用、その他人事に関する制度確立のため、条例または規則の制定並びに必要な予算措置を講ずること。

○山口県人事委員会判定要旨（昭三〇・三・一〇）（地方公務員人事判定集、第四集三三頁）

一　要求者らのように一般職員と同様な勤務内容をもち、勤務年限も長く、職務が継続している職についている職員は、地公法十七条の任命方法による職員であると解される。

三　退職手当制度については、条例に臨時職員を排除していないから、その適用があるべく……。

○東京都人事委員会判定要旨（昭三一・九・一二）（地方公務員人事判定集、第五集五一頁）

一　申請者の勤務の実態は、一般職の職員と同様であり、恒常的事務に従事しているから、当局は、申請者に対する辞令書のうち、服務の態様が「非常勤」とあるを「期限付の常勤」と改め、雇用関係を明確化すべきである。

申請者のあてられた職は、地公法第三条第三項に列挙する各号に掲げられた者の職と異なると解されるから、申請者は同法の一般職に属する職員であることを明示の方法をもって確認すべきである。

二　申請者は、単純な労務に雇用される者でないから、その給与は、地公法第二十四条第六項の規定に基づいた手続を経て決定し、支給すべきである。

三　退職年金及び退職一時金制度の建前は、一般の職員であって恒常的・終身職的な職にあるものが、一定期間継続して勤務した場合等に限って支給されるものであるから、申請者の場合期限付という雇用形態に鑑み実施することは妥当でないが、退職手当は、その他の厚生福利制度と共に一般の職員と同等に扱うことが妥当である。

それから六〇年近くを経過した今日、臨時職員をはじめとする非正規公務員の権利救済のために、人事委員会や公平委員会に措置要求することは途絶え、いつのまにか、非正規公務員がそのような仕組みを使えることとさえも忘却されている。

たとえば前章で扱った臨時職員への退職手当の支給問題である。総務省が、それぞれの自治体に技術的助言として通知している退職手当条例（案）をモデルとした退手条例の適用があれば、六ヵ月以上継続勤務のフルタイムの臨時的任用職員――総務省調査二〇一二では、全国に一三万二二六二人――は、その支給対象者となるのだが、勤務条件に関する措置要求を使ってその支給を求めることを思いつくこともない。

非常勤職員の場合

一般職非常勤職員は、条件付採用（地公法二二条一項）、修学部分休業（地公法二六条の二）、高齢者部分休業（地公法二六条の三）、自己啓発等休業（地公法二六条の四）、配偶者同行休業（地公法二六条の六）、定年制（地公法二八条の二）は適用除外である。条件付採用が適用除外されている関係から、一般職非常勤職員の採用は直ちに正式採用となり、また臨時的任用職員と異なり身分保障ならびに不利益処分に関する審査請求の条文が適用されるので、人事委員会・公平委員会への審査請求が可能である。なお勤務条件の措置要求も行うことができる。

一方、特別職非常勤職員に関しては、地公法が適用されないため、適用除外される法律を列挙する地公法五八条も適用とならず、労働組合法、労働関係調整法、労基法が全面適用される。勤務条件の措置要求はできないが、労働組合をつくれば労働委員会を活用できる。また、行政不服審査法による審査請求を行うことができる。たとえば、特別職の常勤的非常勤職員は一定の要件を満たせば退職手当の支払い請求権が発生するが、この支払いについて一事差止め処分や返納処分を受けた者は、行政不服審査法に基づき、審査請求することができる。

二　労働者保護法からの排除

前述の通り、地公法は、臨時・非常勤職員の権利擁護に関して、充分な仕組みを準備しているとはいえない。その一方で、民間の非正規労働者に現に適用される労働者保護の仕組みからも排除されている。

二〇一三年四月施行の改正労契法二二条一項は、「この法律は、国家公務員及び地方公務員については、適用しない」とする。先に触れたように臨時・非常勤職員は公法上の勤務関係にあり民間の非正規労働者とは別の法体系にあるという解釈のもと、その勤務関係の成立は雇用契約ではなく行政処分たる任命行為によるという解釈により、労契法は適用除外とされている。したがって、労契法における有期労働者の権利保護規定であるところの、必要以上に短い有期労働契約を反復更新しないこととする配慮義務（労契法一七条二項）、有期労働契約の期間の定めのない労働契約への転換（同法一八条）、雇止め法理（同法一九条）、期間の定めがあることによる不合理な労働条件の禁止（同法二〇条）は、地公法が適用されず、労基法・労働組合法が全面的に適用される特別職非常勤職員も含め、地方公務員たる臨時・非常勤職員には無縁である。(3)

また、臨時・非常勤職員に関しては、パート労働法も適用されない。パート労働法二九条で「この法律は、国家公務員及び地方公務員並びに船員職業安定法第六条第一項に規定する船員については、適用しない」としている。したがって、臨時・非常勤職員を使用する事業主としての地方公共団体の任命権者は、職務の内容や配置転換などの人材活用の仕組みが正規職員と同一であっても、二〇一四年改正パート労働法九条が定める正社員との差別取り扱いの禁止措置を講じる必要性が求められず、雇用管理の改善措置の内容を説明する義務（同法一四条一項）や、臨時・非常勤職員からの相談に対応する体制を整える義務（同法一六条）という最低限の事業主としての責務も免除されている。

さらに、個別労働関係紛争の促進に関する法律（以下、「個別労働関係紛争解決促進法」という）二二条は「この法律は、国家公務員及び地方公務員については、適用しない。ただし、特定独立行政法人の労働関係に関する法律第二条第二号の職員、地方公営企業法第一五条第一項の企業職員、地方独立行政法人法第四七条の職員及び地方公務員法第五七条に規定する単純な労務に雇用される一般職に属する地方公務員であって地方公営企業等の労働関係に関する法律第三条第四号の職員以外のものの勤務条件に関する事項についての紛争については、この限りでない」とし、非現業の臨時・非常勤職員は、同法が用意する「あっせん」の制度も活用できない。

とりわけ特別職非常勤職員は、地公法が適用されず、このため労基法、労働組合法、労働関係調整法が全面適用になっているにもかかわらず、民間労働者であれば当然にして受けられる権利救済システムを使うことはできない。

このように臨時・非常勤職員は、労働法と公務員法のいずれの対象とするかの狭間に入り込み、その権利の保護は、どちらの枠組みからも排除されてしまっている。

中野区（非常勤保育士）事件（東京高判平一九・一一・二八、判時二〇〇二号一四九頁）で、東京高裁は、「公法上の任用関係である場合の労働者が私法上の雇用契約に比して不利となることは確かに不合理」であると指摘したのに続けて、「反復継続して任命されてきた非常勤職員に関する公法上の任用関係においても、実質面に即応した法の整備が必要」と指摘していた。

三　雇用格差の状況
――任用更新回数制限の設定と労契法一九条との関係

改正労契法一八条で無期転換申込権が法定されたことにともない、労働契約の更新回数や雇用年限について上限を定め、改正労契法一九条の雇用継続に係る合理的な期待を発生させないなどの取り扱いが広まるのではないかという懸念が表明されている。実は、雇用継続に係る期待権を発生させないため、雇用期間の更新回数を制限するなどの取り扱いは、地方自治体で急速に広がってきている。そして繰返して雇用期間を更新したことにより、長期にわたり同一の任命権者のもとに雇用され続けた非正規公務員を雇止めする事例が多数発生している。

総務省の調査では雇用期間の更新の状況について調べているが、そのうちの市町村等分の代表的な職種について、二〇〇八年調査と二〇一二年調査を比較対照したものが図表10―2である。

保育士の臨時的任用職員を除き、雇用期間の更新回数の上限を定める自治体が増加している。平均の上限回数も、保育士の特別職非常勤職員を除き、短くなっている。さらに二〇一二年調査をみると、上限回数は、臨時職員については一回、特別職・一般職の非常勤職員に関しては、二回または四回に集中している。

有期の非正規公務員の雇用期間は、会計年度にあわせ、ほとんどの地方自治体が一年以内で設定して

図表10－2　雇用期間の更新回数制限（市町村等）

職種	採用の種類	2008年調査			2012年調査							
		定めなし	上限あり	平均回数	定めなし	上限あり	平均回数	上限回数（自治体数）				
								1回	2回	3回	4回	5回以上
事務補助職員	特別職非常勤職員	538	201	3.7	520	204	3.5	7	54	15	98	23
	一般職非常勤職員	587	200	3.3	576	220	3.2	25	63	25	65	24
	臨時的任用職員	1021	382	2.3	957	413	2.0	284	48	22	20	25
看護師	特別職非常勤職員	264	88	4.4	236	95	3.7	1	28	4	49	6
	一般職非常勤職員	316	87	6.2	301	107	3.2	11	27	5	39	7
	臨時的任用職員	550	143	2.6	503	166	1.8	111	24	4	12	10
保育士	特別職非常勤職員	239	98	2.5	209	112	3.6	0	37	7	51	7
	一般職非常勤職員	384	98	4.1	377	120	3.2	13	31	8	38	12
	臨時的任用職員	757	242	2.5	691	232	2.1	155	24	8	14	17
消費生活相談員	特別職非常勤職員	221	62	3.0	277	85	2.3	0	26	3	38	7
	一般職非常勤職員	66	28	2.4	96	44	2.4	1	8	2	18	4
	臨時的任用職員	45	17	1.8	70	25	0.9	19	1	1	2	0

出典）総務省「臨時・非常勤職員に関する調査結果について」の2008年版と2012年版より筆者作成

※雇用期間の更新とは、当初予定されていた雇用期間を満了した後に、引き続いて同じ職種に雇用すること。総務省は再度任用という。地公法22条２項及び５項に規定するような法定の更新は除く。なお、期間の満了した職員を、期間満了後１ヵ月以内の間隔を空けて再び雇用する場合も含む。

いる。そうすると、更新回数上限二回とは、「雇用年限は三年まで」と同義であり、上限四回とは、同様に「五年まで」と同義であるが、「三年」や「五年」に根拠があるわけではなく、合理的な雇用継続の期待権が生じないであろうという相場感として設定されているにすぎない。

非正規公務員の勤務関係の法的性質は、公法上の勤務関係であるというのが通説で、雇用期間の更新であっても、任命権者による行政処分の一環としての任命行為があってはじめて勤務関係が成立するといわれる。この考え方からすれば、雇用期間の更新の繰返しが、期間の定めのない雇用関係に転化することにはならないはずである。

それにもかかわらず、地方自治体が更新回数制限措置を導入しているのはなぜだろうか。その背景には、後述するように、非正規公務員が抱く雇用継続の期待が合理的な場合、雇用の継続には直結しないものの、その期待は、損害賠償法理による保護の対象となるとの考え方が司法から示されているからである。

すなわち、雇用継続の期待権そのものは、公法上の勤務関係か私法上の雇用関係かにかかわらず生じうるもので、このため、地方自治体の任命権者は、期待権を生じさせないようにするため雇用期間の更新回数制限を設定するようになってきたのである。

この典型的な事例として、東京都の専務的非常勤職員設置要綱の改定に係る不当労働行為事件が挙げられる。

二〇〇七年一二月六日、東京都は専務的非常勤職員設置要綱を突然改定し、雇用期間の定めについて「雇用期間を四回までに限り、更新することができる」と、更新回数の上限を制度化した。東京都が要綱を改定する一週間前の一一月二八日に、先の中野区事件において東京高裁は、報酬の一年間分に相当する程度の慰謝料額の支払いを命じる判決を下していた。東京都の特別職非常勤職員の消費生活相談員らで結成された労働組合「消費生活相談員ユニオン」は、都が就業規則に当たる要綱を一方的に変更し、団体交渉などにも応じないとして、労働委員会に不当労働行為に当たると申立てを行った。二〇一〇年六月に、東京都労働委員会は「組合が申し入れた、次年度の労働条件や雇用期間の更新回数を制限した要綱の改正は、義務的団交事項にあたるので、団体交渉に誠実に応じなければならない」との救済命令を出した。東京都はこれを不服として中央労働委員会に再審査の申立てを行ったが、二〇一一年一一月、中労委は東京都労働委員会の救済命令を全面的に支持し、東京都の申立てを棄却した。

二〇一一年一二月に、東京都は、非常勤職員の任用は公法上の行政行為であり、任命権者である都知事の裁量の範囲のもと管理運営事項に属する事柄で、したがって団体交渉応諾の義務はないとして中労委命令の取消しを求め提訴した。東京地裁は、二〇一二年一二月一七日、東京都の請求を全面的に退ける判決を下し、控訴審においても、二〇一三年四月二四日、東京高裁は東京都の請求を棄却、二〇一四年二月七日には、最高裁判所第二小法廷が上告棄却および上告受理申立不受理の決定をした。

不当労働行為に関する紛争は、こうして東京都の敗訴という形で決着がつけられた。だが、突然の要綱改定からすでに七年を経過していた。その間、改定された要綱に従い、五年を迎えた専務的非常勤職員に対する公募試験が実施され、雇用継続の期待権は消滅を強いられてきたのである。

四　処遇上の不合理な差別の状況——労契法二〇条との関係

労契法二〇条は、「期間の定めがあること」を理由とした不合理な労働条件の相違を禁止している。不合理性の判断の内容は、「有期契約労働者と無期契約労働者との間の労働条件の相違について、職務の内容、当該職務の内容及び配置の変更の範囲その他の事情を考慮して、個々の労働条件ごとに判断されるものであること。とりわけ、通勤手当、食堂の利用、安全管理などについて労働条件を相違させることは、職務の内容、当該職務の内容及び配置の変更の範囲その他の事情を考慮して特段の理由がない

図表10－3　事務補助職員の通勤費の支給状況（2012年）

		支給あり（団体数）	支給率　※
都道府県	特別職	23	49％
	臨時職員	23	49％
政令市	特別職	15	75％
	臨時職員	15	75％
市町村等	特別職	476	14％
	臨時職員	1,062	31％

出典）総務省調査2012より筆者作成。
※2012年４月１日現在の地方自治体数は、都道府県47、政令市20、市町村等3,389（政令市を除く市区町村1,728、一部事務組合・広域連合等1,661）で、これを分母にして支給あり団体数を除したもの

限り合理的とは認められないと解されるものであること」と例示されている[4]。

非常勤の地方公務員には、長らく、通勤手当が支給されておらず、現在でも、都道府県では約半分、政令市では概ね七五％の自治体で支給しているものの、市町村等（市区町村と一部事務組合、広域連合）の非常勤職員への通勤費の支給は二割に満たない（図表10－3参照）。

正規の地方公務員への通勤手当の支給根拠は、各自治体で制定している給与支給条例で、片道二キロメートル以上にわたり、交通機関または交通用具を利用して通勤する者に手当として支給される。一方、地方公務員の非常勤職員には、自治法二〇三条の二、二〇四条の定めから、諸手当は支給できないものと解され、通勤手当も諸手当のひとつと捉えられていたことから、かつてはほとんどの地方自治体で支給されていなかった。一九九六年になって旧自治省は各地方自治体あての通知（「非常勤職員に対する通勤費用相当分の費用

弁償の支給に関する問答集（平成八年三月一三日給与課決定）」）で、非常勤職員の通勤費は手当ではなく、実費弁償として支給してもよいと解釈変更し、これにともない非常勤職員への通勤費の支給がようやく広がり始めたのだが、それでも通勤費を支給する自治体は市町村等では二割に満たない。

地方自治体で、正規公務員には通勤手当を支給し、非常勤職員には通勤費を支払わない取り扱いをしている理由は、労契法二〇条の施行通達に示されるような、「職務の内容、当該職務の内容及び配置の変更の範囲その他の事情を考慮して特段の理由」があるからではない。それは従前の解釈に囚われ、支払ってこなかったという惰性から支払わないでいるに過ぎず、とても「合理的とは認められないと解される」べき、不合理な労働条件なのである。

五　非正規公務員の雇止めと期待権

非正規公務員の権利救済システムは不備だといわざるを得ない。したがって、非正規公務員が自らの権利を保護するためには司法による救済の道を選ばざるを得なかった。しかし、その道程はあまりにも険しい。

1　公法上の勤務関係における雇用継続の期待権

雇止め訴訟におけるこれまでの判例の系譜をまとめると、概要、次のようになるであろう。

① 公務の任用関係の法的性質は、私法上の労働契約関係ではなく、公法上の勤務関係と位置づけら

れる（東郷小学校（山形県人事委員会）事件・最三小判昭三八・四・二、民集一七巻三号四三五頁）。

②　個々の公務員の任用関係は、期限付きの任用も任命権者の任命という行政処分と位置づけられ、任命行為があって初めて任用関係が成立する。このため、私法上の労働関係のように、当事者の合理的な意思解釈ないしは黙示の合意によって、繰返し任用が「任期の定めのない任用」には転化せず、私法上の解雇権濫用法理を類推適用する余地はない（長野県農事試験場事件・最一小判昭六二・六・一八、労判五〇四号一六頁）。

③　民間部門では、労働者側が当然に雇用契約が継続することを期待することが合理的である場合は、期間満了による雇止めの際に解雇に関する法理が類推適用されるが、公務部門の場合は、任用は厳格な要式行為である任命行為であることから、たとえ合理的な期待であっても、それは「法的には誤った期待」であって任用の継続には直結しない（名古屋市立菊井小学校事件・最三小判平四・一〇・六、季刊地方公務員研究三三巻一号二五頁）。

④　しかし公務員法制上は「誤った期待権」とはいえ、任命権者側に問題があって臨時・非常勤職員側に更新への期待が生じた場合は、「誤った期待」といえども、損害賠償法理における保護の対象となる（大阪大学（図書館事務補助員）事件・最一小判平六・七・一四、労判六五五号一四頁）。

大阪大学（図書館事務補助員）事件以降は、下級審において、任命権者の不法行為と「期待権」の侵害をリンクさせ、損害賠償の対象とする裁判例が現れている。

中野区（非常勤保育士）事件は、「実質的にみると雇止めに対する解雇権濫用法理を類推適用すべき程度にまで違法性が強い事情の下に、被告は、原告らの期待権を侵害した」と明言し、したがって、

「報酬の一年間分に相当する程度の慰謝料額を認めるのが相当」と、任用を継続したのと同様の報酬額を支払えとの判決を下した。

これに続き、非正規公務員の「期待権」そのものを法的保護の対象とする裁判例の流れを確固たるものとしたのが、武蔵野市（レセプト点検嘱託職員再任拒否）事件・東京高判平二四・七・四（公務員関係判決速報四一七号二頁）である。武蔵野市事件では、雇止めにあった一審原告は、二一回という多数回にわたって繰り返し再任され、二一年三ヵ月の長期間にわたって被告（武蔵野市）のレセプト点検業務を継続して担当してきたことなどの理由を挙げ、「原告が再任用を期待することが無理からぬものとみられる行為を被告が行ったという特別の事情がある」として、慰謝料を認めるのが相当とした。

2　民営化による適用法の変更と雇止め法理の遡及適用

先に紹介した中野区非常勤保育士再任拒否事件において、東京高裁は一審原告の非常勤保育士らについて、「私法上の契約と異なることから、一審原告らはその地位の確認を求めることはできない」とした。その一方で、「私法上の雇用契約の場合と、公法上の任用関係である場合とで、その実質面においては、多数回の更新の事実や、雇用継続の期待という点で差異がないにもかかわらず、労働者の側にとってその法的な扱いについて差が生じ、公法上の任用関係である場合の労働者が私法上の雇用契約に比して不利となることは確かに不合理」であるとも指摘した。

武蔵野市（レセプト点検嘱託職員再任拒否）事件における東京地裁、東京高裁の判断枠組みも同様で、大阪大学（図書館事務補助員）事件最高裁判決以降においては、雇止めにあった職員の救済に関しては、期待権等の労働契約的考慮が必要であるが、現行実定法の下では、任用に関しては任命権者による任用行為を要することから、任用の継続を認容して救済することに適用できず、したがってもう一つの救済方法である損害賠償法理を用いて、これに代替させたものと考えられる。つまり任用継続に関する期待権は、任用継続による救済を認容する要件となりうるが、法がないのでそれができないという構成なのである。

これを別の角度から照射すると、雇用継続に係る期待権は、公法上の勤務関係にあるか、私法上の労働契約関係にあるかに関わらず発生するが、当該期待権に雇止め法理を適用できるか否かは、雇止め時点の法適用関係（公務員法か労働関係法か）によるということになる。

この点を考察する上で、参考になる裁判例が、岡山中央郵便局期間雇用社員地位確認等請求事件・広島高岡山支判平二三・二・一七（労判一〇二六号九四頁）である。

事件の概要は、郵便事業株式会社（被告）との間で期間雇用契約を締結していた原告が、被告の行った雇止めが無効であると主張して、被告に対し、雇用契約上の権利を有する地位にあることの確認および過去一年間の平均賃金の月額給与相当額を本件訴訟が確定するまでの間、支払うことを求めた事案である。

一審原告は、二〇〇三年五月一七日、日本郵政公社（岡山中央郵便局。以下「公社」という。）に国家公務員法等が適用される一般職非常勤職員として任命され、その後、当該非常勤職員として四年四ヵ月以上にわたり勤務した。二〇〇七年九月三〇日、郵政民営・分社化により公社は解散し、新たに設立された被告が公社の郵便事業を承継し、原告は、二〇〇七年一〇月一日、被告との間で、期間雇用社員として雇用契約を締結（雇用期間は、二〇〇七年一〇月一日から二〇〇八年三月三一日まで）したが、二〇〇八年二月二七日、被告は原告に対し「雇止め予告通知書」を送付し、同年三月三一日をもって原告を雇止めしたものである。

一審の岡山地判平二二・二・二六（労判一〇二六号一〇七頁）は、本件雇止めに解雇権濫用法理は類推適用されないとして原告の請求を棄却していたが、控訴審である広島高裁岡山支部は、一審判決を取り消して、事業継承後の被控訴人（一審被告）と控訴人（一審原告）間の雇用契約は私法上の雇用契約であり、控訴人は、被控訴人との雇用契約の更新について、合理的な期待を有するものというべきであるから、「本件雇止めについては、解雇権濫用の法理が類推適用されうるというべきである」として、契約期間満了後における控訴人と被控訴人との間に従前の雇用契約が更新されたのと同一の法律関係が成立するとした。

広島高裁岡山支部の判断枠組みは、次の通りである。

① 郵政公社時代の控訴人と公社との勤務関係は、その根幹をなす試験、任用、分限、懲戒、服務等について国家公務員法およびそれに基づく人事院規則による公法的規制が適用される公法上の任用関係であり、このような関係においては、国家公務員法およびそれに基づく人事院規則によって、当事者間の個人的事情や恣意的解釈によってこれらが変更される余地はなく、更新が繰り返されたとしても、期限付き任用関係が実質的に期限の定めのない雇用関係に変化したことはあり得ない。

② しかしながら、事業継承後の被控訴人（一審被告）と控訴人（一審原告）間の雇用契約は私法上の雇用契約であり、期間雇用社員の雇用契約が反復更新されて期間の定めのない雇用契約と実質的に異

ならない状態となった場合、又は、期間の定めのない雇用契約と実質的に同視できない場合でも、雇用継続に対する期待に合理性がある場合には、解雇権濫用法理が類推適用されると解される。

③　被控訴人との雇用契約から雇止めまでには、六ヵ月間の有期雇用契約が一回なされたのみだが、公社の時代においては、一ヵ月余ないし三ヵ月弱で七回、または六ヵ月ごとに六回にわたって更新を繰り返し、被控訴人との雇用契約を含めれば、更新回数は一三回、通じた雇用期間は四年一〇ヵ月余に及んでいる。

④　職務内容は常勤職員と変わりなく、被控訴人の基幹的業務を主体的に担っており、控訴人のような期間雇用職員は公社および被控訴人の業務にとって常時必要不可欠の存在であり、しかもその任用ないし雇用継続は強く期待されていたということができる。

⑤　期間雇用社員は、公社および被控訴人の時代を通じての勤務年数が二年以上の者が約七五・一%、三年以上の者が約六四%、四年以上の者も約五三・四%おり、仕事の継続を望む期間雇用職員については、そのほとんどが契約更新されており、契約更新は常態化していたものと認められる。したがって、控訴人を含め、相当年数雇用関係の更新を重ねてきた期間雇用社員らにとって、被控訴人発足後半年を経過せず一回の更新がなされていない時期においても、契約更新の期待は極めて強いものと考えられる。

⑥　被控訴人に引き継がれる際には、任用関係が終了し、新たな雇用契約の締結により雇い入れた手続が採られているが、これは、公社時代には公務員としての任用関係の制約があるからであって、一方では正社員は公社時代の職員としての地位をそのまま継続しており、期間雇用社員についても、新たな雇入れの形式を採る一方、賃金、臨時手当や休暇、勤続年数等の待遇は制度的に引き継いでいるのであ

るから、上記公社から被控訴人への雇用関係引継ぎの形式により、契約更新の期待が起こり得ずあるいは弱いものとみることはできない。

⑦　したがって、控訴人は、被控訴人との雇用契約の更新について合理的な期待を有するものというべきであるから、本件雇止めについては、解雇権濫用の法理が類推適用され無効というべきである。

広島高裁岡山支部は、公社時代の繰返し任用の実績をみて、公社時代の公法上の勤務関係において雇用継続に係る期待権は生じていたとみる。そして郵政事業の民営化後において、控訴人と被控訴人は私法上の雇用関係に転換したことにともない、はれて雇止め法理を適用し、当該雇止めが無効であるとした。

このように、雇用継続に係る期待権は、公法上の勤務関係にあるか、私法上の労働契約関係にあるかに関わらず認められ、雇止め時点の法適用関係が私法上の雇用関係で、かつ、使用者に異動があっても従前の雇用関係の継続があると認められれば、雇止め法理は、公法上の時代に生じている雇用継続の期待権にも遡及するのである[5]。

3　行政処分を担う労働契約労働者と指定管理者制度

公法上の勤務関係であれ、私法上の雇用関係であれ、雇用継続に係る期待権は法的に保護すべき利益として生成する。だが、その期待権をどのように救済するかについて、公法上と私法上では異なり、前者は損害賠償法理、後者は損害賠償法理＋雇止め法理ということになる。これが非正規公務員の雇止めに関する司法判断の到達段階であろう。

しかしながら現実に起こっている現象は、公法と私法を明確に区分することは困難で、公法領域の行政権の発動たる行政処分でさえ、私法の領域である民間企業に労働契約に基づき雇用されている労働者が担っているのである。

その例が、二〇〇三年の自治法改正で制度化された指定管理者制度である。

指定管理者制度とは、それまで地方自治体やその出資法人（公社など）に限定していた公の施設の管理・運営を、株式会社をはじめとした営利企業・財団法人・NPO法人・市民グループなど法人その他の団体に包括的に代行させることができるものである。

指定管理者の権限は、条例の定めるところにより、行政処分の一環である公の施設の使用許可（不許可）権限が与えられる。たとえば市民会館であれば、利用の許可・不許可、利用許可の取消しおよび利用の制限・停止等である。また指定管理者が使用許可権限を行使する場合は、地方自治体等の行政庁に代わって行政処分を行うことになるため、行政手続条例上の「行政庁」に含まれることになり、行政事件訴訟法上でも、処分取消訴訟の被告になるとされている。このため指定管理者の指定は、行政処分であり、契約自由の原則に基づく業務委託契約ではない。行政処分を行うから、指定も行政処分であるというロジックは、公権力を行使する公務員の任免は行政処分としての任用行為であるとしたロジックと相通じる。

つまり、指定管理者とは、公法私法二分論の立場に立てば、自治法に基づき創設されているので公法の領域に属することになる。そうだとすると、指定管理者となった事業者が公の施設の管理運営に関わる従業員を雇用する場合は、労働契約ではなく、行政処分である任用行為であらねばならないが、そうはなっていない。指定管理者には、営利企業・財団法人など法人その他の団体も指定されるが、これら団体の従業員は、労働契約に基づき雇用されているのである。

私法上の雇用関係にあるものが、公法上の行政処分に該当する業務を担っているということの一事からすれば、公法・私法の間柄は、裁判所が考えているように明瞭に区分されるようなものではない。少なくとも、行政処分や公権力の行使に係る業務を担うのが公務員であり、それゆえ公務員の任免は行政処分としての任用行為であらねばならないとするロジックは根拠希薄となっている。

おわりに――改正労契法に準じた公務員法制整備が必要

労契法三条は、「労働契約は、労働者及び使用者が対等の立場における合意に基づいて締結し、又は変更すべきものとする」としている。

これまで述べてきたように、公務員の任免は行政処分としての任用行為であるとされていることから、労使対等原則が働く労働契約的世界の埒外に置かれ、地方自治体や国の任命権者に強い裁量権が与えられている。したがって、長年にわたり勤務し続けてきた非正規公務員の雇用継続に係る期待権は容易に無視されて、漫然と雇止めが行われ、あるいは、期待権を生じさせないための措置が、当該の非正規公務員の意向に配慮することなく、一方的に導入される。

ところが労働契約的な世界が一切無視されているのかといえば、そうとばかりは言えない。たとえば、二〇一〇年一〇月まで、国家公務員における一般職非常勤職員の一つと位置づけられていた日々雇用職員制度は、任用予定期間内で毎日任用されているという現実離れした制度であったが、この日々雇用職員には任期はなく、あくまでも任用予定期間内で一日単位の任用が自動的に更新されるというものだった。任用予定期間に法的な制限はなく、実質上、期間の定めなく任用されてきていた。日々雇用職員の任免を定めていた改正前の人事院規則八―一二（職員の任免）の（旧）五二条二項では、「日々雇い入れられる職員が引き続き勤務していることを任命権者が知りながら別段の措置をしないときは、従前の任用は、同一の条件をもって更新されたものとする」と定めていた。この（旧）五二条二項の文面は、民法六二九条（雇用の更新の推定等）の「雇用の期間が満了した後労働者が引き続きその労働に従事する場合において、使用者がこれを知りながら異議を述べないときは、従前の雇用と同一の条件で更に雇用をしたものと推定する」とほぼ同様である。この六二九条は民法第二章契約中第八節雇用の中の条文であり、これを借用していたのである。

すなわち公務員の勤務関係とは、労働契約における労使対等原則という魂を抜き取り、そこに行政処分である任用行為という任命権者の裁量権を注入し、人事制度を動かす道具として労働契約的手法を取り入れてきたのである。

仮に非正規公務員の任免を「行政処分」とする解釈を維持し続けるのであれば、その範囲においても、雇止め法理を適用すべき状況下にある非正規公務員について、本人の意に反する雇止めそのものを規制する法整備が必要となっているといえるだろう。労働契約関係になく、したがって、労使間の黙示の合意に基づいて従前の雇用契約関係が継続しているものとはみなすことができない公務の勤務関係においては、なおさら法令をもって、非正規公務員の再任用に関する客観的な期待権を保護するほかない。その際、改正労契法の内容を最低基準として、当然に、取り入れるべきである。また、正規公務員とみなされるべき非正規公務員の差別的取り扱いを禁じるとともに、全般的に処遇改善に努めることを義務づけるなど、少なくともパート労働法の趣旨を活かした法整備も必要だと考えられる。

さらに、実際の非正規公務員の任命、処遇等の取り扱いに関しても、民間労働法制の到達した水準に準じて進められねばならないだろう。

この点に関していえば、二〇一四年七月四日の、総務省通知二〇一四では、雇用対策法一〇条の「期間の定めのある労働契約に関して年齢制限を設けることの禁止」、雇用の分野における男女の均等な機会及び待遇の確保等に関する法律五条の「性別を付した募集及び採用の禁止」を挙げ、「これらの規定自体は地方公務員については適用除外とされているが、臨時・非常勤職員の募集・採用にあたっては、地公法第一三条の平等取扱いの原則を踏まえ、年齢や性別にかかわりなく均等な機会を与える必要があることに留意すべきである」と記している。また、「短時間労働者の雇用管理の改善等に関する法律は、公務員は適用除外とされているが、同法においても、短時間労働者の賃金の取扱いについて、職務の内容等を勘案し、その賃金を決定するよう努める旨の規定がある」「短時間労働者の雇用管理の改善等に関する法律は、公務員は適用除外とされているが、同法においても、教育訓練や福利厚生施設に関する取扱いについて短時間労働者への配慮義務等が規定されているところである」ことを、わざわざ記している。このことは、パート労働法をはじめとする非正規労働者に係る労働諸法については、たとえ非正規公務員が適用除外であったとしても、これらの法が求める措置内容を、地方自治体は遵守すべきものであることを示している。

(1) 水町勇一郎「「同一労働同一賃金」は幻想か?」鶴光太郎・樋口美雄・水町勇一郎編著『非正規雇用改革』日本評論社、二〇一一年、二七二頁。
(2) 橋本勇『新版逐条地方公務員法第3次改訂版』学陽書房、二〇一四年、八二〇頁。
(3) 二〇一三年三月、ハローワークの非正規職員である労働相談員の一割にあたる約二二〇〇人が雇止めにあった。「皮肉にも、当の厚生労働省が提出して制定されたばかりの改正労働契約法は公務部門の(国の)非常勤職員には適用されない」。駒井卓「ハローワーク非正規職員の実態と組合としての取組み」『労働法律旬報』一七八三・八四合併号(二〇一三・一・二五)六八頁。
(4)「労働契約法の施行について」(平成二四年八月一〇日、基発〇八一〇第二号、都道府県労働局長あて、厚生労働省労働基準局長通知)第五 六(二)オ。
(5) 二〇一二年九月一四日、最高裁第二小法廷は、会社側の上告受理申立を受理しないことを決定し、高裁判決は確定することになった。

初出一覧

第1章　『季刊労働法』二〇一三年夏号、『地方自治職員研修』二〇一三年一〇月号
第2章　『ジャーナリズム』二〇一四年一一月号
第3章　『月刊ガバナンス』二〇一四年一二月号
第4章　『北海道自治研究』二〇一四年九月号
第5章　『とうきょうの自治』二〇一三年九月号、『月刊自治総研』二〇一三年一〇月号
第6章・第7章　『月刊自治総研』二〇一三年五月号
第8章　『月刊自治総研』二〇一五年七月号
第9章　『労働法律旬報』二〇一三年八月上旬号
第10章　『季刊労働法』二〇一三年夏号

上林陽治（かんばやし・ようじ）
1960年　東京都に生まれる
1985年　國學院大學大学院経済学研究科博士課程（修士）修了
現在　公益財団法人地方自治総合研究所研究員（2007年～）
　　　ＮＰＯ法人官製ワーキングプア研究会理事（2012年～）

主な著作
『ポスト・アパルトヘイト』（共著）日本評論社、1992年
『非正規公務員』日本評論社、2012年
『非正規公務員という問題（岩波ブックレット）』岩波書店、2013年
『自立と依存　自治総研ブックレット18』（共編著）公人社、2015年

非正規公務員《ひせいきこうむいん》の現在《げんざい》——深化《しんか》する格差《かくさ》
●————2015年11月25日　第一版第一刷発行
著　者——上林陽治
発行者——串崎　浩
発行所——株式会社　日本評論社
　　　　170-8474　東京都豊島区南大塚3-12-4　振替00100-3-16
　　　　電話03-3987-8621（販売）、-8631（編集）
　　　　http://www.nippyo.co.jp/
印刷所——精文堂印刷
製本所——難波製本
装　幀——神田程史

ISBN 978-4-535-55824-3